WEALTH

天窗出版

FQ思維 ②

穩健投資很簡單

黃元山 著

目錄

（一）資產配置　勝負關鍵

CHAPTER

01

資產分配　決定回報高低

CHAPTER

02

紀律執行　無懼市場上落

CHAPTER

03

掌握資產特性　了解投資優劣

（二）低回報年代　資產分配取勝

CHAPTER

04

全球「四低」　逆向投資突圍

（三）新經濟機遇　早著先機

CHAPTER

05

觀察經濟遠景　投資尋寶

推薦序

香港作為一個國際金融中心，股票市場的價值和成交量都處於全球領先地位，過去十多年也經常在「全球上市（IPO）排行榜」排名第一。但有趣的是，我們這個「領導地位」並沒有滲透到民間，一般普羅大眾對理財投資的「通識」依然較弱。對於很多人而言，投資不外乎「炒股」和「買磚頭」，這反映了兩個狀況：

1. 「炒股」一般屬於較短線的投機行為，「小賭可以怡情」，但對於長線財富增值的作用不大；

2. 「買磚頭」是我們香港人幾十年來的夢想，而在過去數十年間，也確實為「揸樓人」帶來巨大財富增值，但由於供應長期短缺而引致樓價「只升不降」，卻帶來巨大社會問題。

綜合而言，要改變這兩個情況，雖談何容易，但從根本入手，就需要增強一般市民在投資理財方面的通識教育，以及令到我們能投資的「餅」更大更闊。

從大學時代認識 Stephen，他向來就是一位「穩陣先生」，現在他把全球領先的學術理論，配合他二十多年來的金融市場實戰經驗，以及他過去數年間洞悉的國際視野高度，綜合濃縮成為一本理財投資的通識課本，對於很多渴望財富增值卻又沒有投資法門的人而言，實在是一本不可多得的「精讀書」。Stephen 並沒有教大家揀股，反而教懂大家如何通過資

產配置而使財富長期增值。綜觀天下間最優秀的投資家，無不帶著長遠的眼光，謹守資產配置的法則，通過數十年來的積累而創造財富。

對於如何能夠把我們能投資的「餅」做大，恐怕並非 Stephen 一人之力能夠做到，Stephen 在書中也多次提到債券市場的重要性。債券能夠為投資者帶來固定收益（雖仍然是有風險的），一個規模大而穩健的債券市場能夠為香港人拓闊投資渠道，長遠而言減少對於透過「揸磚頭」而得來固定收入（即收租）的依賴，從另角度減低樓價上揚的壓力，一石二鳥。

可惜說時易，做時難，香港債券市場經過多年來的談論，雖然有所發展，但相對歐美市場的規模，仍有一大段距離。這也正正是香港作為國際金融中心的落差和危機。故此，如何能夠把這個「餅」做大，一方面擴闊一般市民的投資渠道，另方面紓緩社會壓力，三方面鞏固香港在國際金融市場的領導地位，這將是我們要面臨的機遇和挑戰。

譚楚翹

摩根士丹利亞太區併購部聯席主管

推薦序

黃元山是我在香港其中之一個最敬佩的學者和研究專家，觀點客觀、有事實根據、生動而接地氣，也有高度和宏觀性。我的書架上永遠有他的著作，這本《FQ思維2 —— 穩健投資很簡單》也不例外！

倪以理

麥肯錫香港公司資深董事兼總經理

自序

筆者上一本書取題《FQ思維——投資其實很簡單》，是借用了巴菲特曾說的「投資是簡單但不容易」；事實上，投資致富像巴菲特一樣，當然不容易，不過，筆者認為，很多人投資的時候，卻往往犯下一些很基本的錯誤，只要稍為多加留意，減少這些基本的錯誤，就可以拿到一個比平均更好的回報。

這幾年的觀察，雖然香港號稱全球的金融中心，但不少市民，就算是牽涉金融的專業人士，由於本身的工作已經非常忙碌，每天每週僅剩的時間也已經心力憔悴，往往對自己的投資理財掉以輕心，等到差不多退休之際，才猛然發現自己並沒有太多的心得，臨急抱佛腳之下，承受更大的心理壓力，投資理財時就更容易進退失據。

筆者希望透過這本書，能和讀者多交流，在波動混亂的市況裡，穩守突擊，穩中求進，妥善執行一些基本的理財原則，長遠來說，拿到更好的投資回報。

黃元山

(一)
資產配置
勝負關鍵

投資者一般都喜歡揀股和捕捉入市時機，覺得自己有能力預測大市走勢，從而賺大錢，但事實上即使是投資大戶也沒有水晶球。若要追求資產穩健地增值，原來進行資產分配，跟據自己的風險承受程度來決定資產比例，並持之以恆地執行和「再平衡」，才是致勝的不二法門。了解各類資產，掌握其特性，避免「產品」陷阱，也是投資者必學之道。

CHAPTER
01

資產分配

決定回報高低

1.1 揀股揀入市時機 不及分散資產穩賺

決定投資回報高低，一般有三大因素，包括資產配置（Asset allocation）、入市時機（Market timing）和揀股（Stock picking/ Security selection）。

這些年來，筆者接觸很多機構投資者（即所謂大戶的「聰明」錢），也有不少的散戶，觀察到成功的機構投資者和投資失利的散戶，他們最大分別就是對資產配置重要性的理解。筆者參與不同的機構投資者的投資委員會，很多時間就花在研究討論資產配置；相反，當筆者在散戶的投資講座裡，問有多少人認為資產配置是投資理財最重要的一環，通常反應都寥寥可數，反而醉心於估市場方向的Market timing或選股。

在香港最常見的Market timing例子，就是炒波幅。打開財經雜誌和電台電視台的財經節目，都充斥了「目標價」和「止賺止蝕位」的討論；其實，差不多都是叫散戶上望10%就止賺，下跌15%就止蝕，炒來炒去，除了股票經紀多了佣金

多了佣金外，其實筆者到目前為止，還未認識一個富人的財富是靠炒波幅炒回來的。

圖捕捉高位低位　散戶輸多贏少

炒波幅除了不是一個好的理財方案外，籠統來說，靠捕捉入市時機作為核心的理財策略，最大問題就是短期市場的上落，可預測性十分之低。舉例說，有人以為看穿聯儲局的意圖，估中美國加息的時間表路線圖，就可以在投資市場中無往而不利；不過，股神巴菲特（Warren Buffett）卻說過就算聯儲局主席私底下告訴他未來的動作，也完全不

會改變其投資方向和策略。這不是因為道德問題，而是因為他認為這些「消息」，對他的投資決定完全沒有用處，其中一個原因就是市場短期的波動，有太多其他因素影響，包括資金流和心理因素，充滿了不可預知的成分。

大鱷也難捕捉市場上落

最諷刺的是，市場被稱為「大鱷」的對沖基金，就是起源於這些大鱷知道 Market timing 的難度，從而另闢賺錢的路徑，但不知就裡的散戶卻盲頭一裁到這個實輸的範疇裡搏命。當然對沖基金經過幾十年的演化，已經千變萬化，不少對沖基金已經不再「對沖」，但要留意的是，聰明的機構投資者要搞對沖基金來「對沖」，而他們又是在對沖甚麼呢？其實，他們對沖的就是所謂的市場風險（Market risk），即是他們承認由於不知道市場的方向短期內是上或是落，於是就買較好的股票，沽較差的股票；當市場整體上升，較好的股票上升較多，而當市場整體下跌時，較好的股票跌幅也較少，沽了較差的股票就會有賺，於是，無論是整體市場上升或下跌，對沖基金都會錄得正回報（Absolute returns）。換句話說，對沖基金對自己的選股有信心，覺得自己能選到較好較差的股票去買和沽，但對自己預測市場方向的能力卻沒有那麼大信心，寧願賺少一點，希望對沖掉市場風險；如果他們對市場方向有信心，看市好的時候就全買不沽，回報當然會更好，相反，如果看市淡的時候就全沽不買，回報也當然會更好。

資產分配主宰回報

資產分配
Asset Allocation

入市時機
Market Timing

揀股
Stock Picking

回報

散戶聞之色變的大鱷，都對自己捕提入市時機的能力沒有信心而要做對沖，散戶自己卻對 Market timing 樂此不疲，例如財經雜誌的封面故事，如果是估市場指數在甚麼時候會到甚麼點數，通常都會更好賣，這些想法，都導致散戶很多時候的回報都不理想。

而從學術的角度來說，無論是完全信奉市場有效論（Efficient Market Hypothesis，EMH）的理性經濟學派，或是對此有所保留的行為經濟學派，基本上都接受市場價格或短期波動性是不可能從歷史數據上預測出來的。因此，無論是實際市場操作的大鱷，或是不同派系的學者，都不會建議依賴 Market timing 作為理財投資的基石，可惜，環顧散戶群體，對「股市估市」等玩意卻樂此不疲，於是散戶最喜愛的財經雜誌往往就用估大市甚麼時候到幾多點做封面作招徠。

基金經理揀股　只有兩成跑贏

至於選股，有關的討論就更複雜。當然，某些成功的對沖基金經理，又或者巴菲特，他們選股都非常厲害；不過，筆者認為他們只是少數中的少數，不一定是一般散戶理財時應該或必須模仿的對象。眾所周知，主動型基金（Actively managed funds，相對於被動性的指數基金）歷史上來說，扣除費用後只有兩成多跑贏大市，近幾年，這個比例就更低，往往只有一成不到；而且，今年跑贏的一成多人，明年後年是否也能跑贏？試想想，這些主動型基金經理，通常個個都是名牌大學畢業，而且全時間全副精神每週七天每天十二小時全方位追蹤市場資訊，都只是落得如此成績，相對之下，散戶不一定都有金融方面的專業知識，又

通常有份正職在身，只有在放工後或週末等工餘時候，拿一些財經報紙或雜誌看看其他專家的分析，又怎能奢望自己能透過選股去跑贏大市呢？更何況，報紙雜誌的專家分析，他們自己本身也不一定能跑贏大市，因為剛才就說過，長線跑贏的根本是鳳毛麟角，而喜歡接受訪問的專家，並不一定等於往績好。在忙碌的生活中，隨便翻閱一些不一定跑贏大市的專家建議去揀股，自然不可能跑贏大市。

雖然巴菲特認為選股是最重要的，但世界上只有一個巴菲特，而且投資者傾向持有分散投資組合，它跟股市表現整體相似，存在高度的相關性，會降低特定揀股策略的回報率。

一般來說，大部分投資者都持有不少個股；筆者記得有次和一位社會賢達談到他的個人投資，他說手上持有起碼超過100隻不同的股票。其實這樣的做法，就等於買了整個大市，與其浪費時間揀這一大堆股票，不如買一隻指數基金。

其實上，投資者只要持有市場一小部分股票比例，就可達到類似整體市場的多元化和分散性，意指你不用買很多股票，亦可獲得類似整體市場一樣的回報，和大市同步。多年前有個研究發現，持有20隻股票的投資組合，很大程度上已代表整個市場；最近幾年研究則顯示，持有50隻股票的投資組合，便可產生與市場一樣高低起伏的走勢。

單一持股高危　多元持股變相等同大市

在股票投資風險中，「系統性市場風險」與「非系統性非市場風險」，各有不同投資結果。前者指整個市場共同因素引發的風險，後者指某個行業或個別公司的證券所產生的風險。舉例，指數基金就跟市場完全相關，牽涉「系統性市場風險」的選股策略；單一股票投資組合，跟市場相關程度較低，牽涉的是「非系統性非市場風險」。

另有研究則以1963年至1997年間3個時期分析，結果發現只有兩隻股票的投資組合，風險程度比市場高2至3倍；20隻股票的話，風險程度約是市場的三分之一或三分之二；50隻股票的話，風險程度則跟市場差距甚少。換句話說，如果投資者有超過50隻股票的話，就不如省點時間做其他事情，因為所得的回報，會和買被動式的指數基金差不多。

揀股成本高　蠶食回報

還有一點，市場是零和遊戲，為了跑贏大市，你可能會弄一個較集中的股票組合；但假設你選擇的股票相對於市場表現較好的話，看好的人會贏，看淡的人就自然會輸，而基本上贏家所贏的錢（跑贏大市），就是輸家所輸的錢（跑輸大市），雙方金額應該一樣。

然而，要在市場造成影響，投資者必須經常買賣股票，除投資成本外，他們要額外付出各式各樣的交易費用，如管理費、經紀佣金、印花稅等，最終讓整體市場的回報多於投資者的整體實際回報。於是，跑贏大市的會少於所有投資者的一半，也就是何以所有主動型積極基金，只有約兩成左右能跑贏大市。

80% 回報　取決於資產配置

事實上，很多學術文獻都顯示資產配置佔回報80%至100%的比例，入市時機和揀股的比例，就只有在0至20%之間，為甚麼散戶大部分的時間仍然在關注這兩方面呢？筆者相信，可能跟整體的金融理財通識教育不足有關，而現時，絕大部分的金融理財知識，都是靠一些「賣方」（Sell side）來傳遞，自然有所偏頗；而且，國外的投資顧問，比較多的是用整體理財收費的方法，而非單靠賣產品來賺佣金收費，於是比較能看大局，關心更多資產配置的整體大問題。

因此，與其估算自己不能控制之事，不如專注於你能控制的變項，例如創建清晰並可實現的投資目標、資產配置要廣泛及多元化平衡發展、盡可能把投資成本減至最低，並且貫徹個人投資觀點、有紀律地長期執行等等。

基本及技術分析更難
「更對」成賺錢關鍵

現時環球股市，黑天鵝事件彷彿變成家常便飯，英國脫歐事件就是好例子。大部分投資專家認為英國不會脫歐，但最後估錯；本以為環球股市會大地震，誰知美股衝破歷史新高，港股受影響跌近千點後也就見底。有人說，現在的市況難測，技術分析和大數據就比基本分析更重要，這是否真的呢？畢竟，今天股市比以往更為深不可測，無論是傳統基本分析（有所謂的「價值陷阱」），或是技術分析亦有其陷阱（例如甚麼「假突破」等）。

「隱世」好企業　可遇不可求

基本分析重點是參考一間上市公司的業務前景、盈利能力、派息多寡、管理層質素，一般散戶都能掌握市盈率（PE）、股東權益報酬率（ROE）、資產報酬率（ROA）等重要比率概念，其關鍵是能分別出甚麼是價格（Price）和價值（Value）。不過，市場已經把資訊和預期反映在價格上，所

以，找到一間好企業，然後投資其股票，並不一定能賺錢，因為「好企業」這個資訊已經使其股票的價格昂貴；因此，所謂的價值投資，就是早人一步，找到一家市場還不知道是「好企業」的好企業，難度當然是非常高。

電腦化數據化　技術分析難度增

同樣，技術分析也不簡單，會隨著時代進步不斷演變進化。如果說技術分析是基於歷史數據的總結，例如移動平均線、黃金交叉、波浪理論等圖表及趨勢等，那麼在現今的年代中，就要加上金融科技（FinTech）、

大數據（big data）等，講求「有效的量化」。亦因此，為何追求極大回報率的對沖基金會愈益重視，並且加強投資新式的技術分析，利用數學、統計學及訊息技術加以追蹤市場的「規律」，即是所謂的「量化投資」。

有數據顯示，量化對沖基金行業至今管理的總資產規模高達8,800億美元，較2009年的4,080億美元高出一倍。例如，美國著名對沖基金Balyasny打算成立一隻新的量化基金，Tudor則向外招兵買馬，希望強化現有的量化技術部門。

減少失誤　就能增加勝算

電腦化和數據化等不等於一定「贏硬」呢？其實也不見得，在市場中，其實能賺錢的數據方程式，會迅速被市場消化，要不斷另找新的策略才能出奇制勝。比較哪一個方法更容易賺錢其實意義不大，無論是基本分析、技術分析或量化分析，最大的共通點，也是賺錢的不二法門，就是不單要「對」，更重要的是比市場「更對」！

至於如何作出「更對」的投資決定，關鍵就是盡量減少錯誤，而資產分配就是絕佳方法，透過系統化的操作來減少人為失誤如低買高沽。有時決定勝負，就在於如何能控制出錯的頻率，輸少就是贏。

如何分配資產
主宰回報高低

「不要把雞蛋放在同一個籃子」是老生常談,在投資領域尤其如是,但不說不知,原來分散投資對投資回報高低有著決定性的影響。

如上文所說,決定投資回報高低,一般有三大因素,包括資產配置、入市時機和揀股。學術研究中,一般認為這三個投資回報的來源中,以資產配置最為重要。

耶魯基金長期跑贏　也靠資產配置

資產配置簡而言之就是如何分配投資資金於不同的資產、市場。《金融分析師雜誌》(*The Financial Analysts Journal*) 1986年刊載布林森(Brinson)、霍德(Hood)和比鮑爾(Beebower)的報酬分析架構(BHB模式),指出資產配置為影響基金報酬變動的重要因素;另外,耶魯大學教授Roger Ibbotson和Paul Kaplan於2000年的研究同樣揭示出,在影響投資回報高低的因素中,良好而且有效的資

產配置之貢獻非常高，反而選股策略及入市時機的正面作用不大。這些研究都顯示資產配置對回報的影響，大概在80%至100%之間。換言之，資產分配基本上決定了投資回報的結果。

美國著名的兩間大學捐贈基金——哈佛和耶魯大學就是資產分配的追隨者，其投資核心理念是「現代投資組合理論」（Modern Portfolio Theory），由榮獲諾貝爾經濟學獎的馬可維茲（Harry Markowitz）於1952年發表。他歸納出理性投資者如何透過分散投資來優化資產配置組合，指出多元化的投資策略有效幫助風險調整，從而改善回報率，這亦是我們於建構投資組合時的重要基礎。

過去廿多年來，哈佛和耶魯的捐贈基金，都是金融市場上的頂尖投資者。以著名投資者斯文森（David Swensen）領導的耶魯基金為例，其捐贈基金過去20年的年回報高達12.6%，跑贏市場，基金開宗名義就指分散投資是其投資成功的基石。

兩所學府的基金績效卓越，投資工具不限於主流的美國股票及債券，而是採取多元化的資產配置策略，亦由於基金規模龐大，故能夠投資一些私募基金和避險基金，以達到分散風險。

投資多元化、全球化　讓回報穩定

由此可見，多元化及全球化的資產配置與投資目標回報關係密切，很大程度上當我們掌握分散風險，便等於掌握穩定投資回報。對普通投資者來說，這個重要的投資原則深具學習價值，並能應用於個人投資組合上面。

投資者無法控制各國金融政策、經濟興衰、企業發展、股價升跌等市場變化，唯一可以控制的，就是個人投資組合的設置，例如投資項目、比例、可承受風險程度等變項。

有效的資產配置是決定報酬與風險的重要因素，投資者在創建投資組合時，要明白投資多元化的重要性，其優點不是保證你躲開損失，而是協助你避免完全不必要的嚴重損失，從而保障投資回報率。

CHAPTER
02

紀律執行
無懼市場上落

2.1 三元素六資產 多元化分散風險

要做好一個良好的資產配置，並不容易，需要花不少時間和心思，筆者觀察到，只有少數散戶投資者對此有足夠的分析。傳統來說，良好的資產配置起碼包括以下三個元素：多元性（分散風險）、以股票為重心、對稅務的影響等。

傳統的資產配置可大約分為六種類別：股票包括「本地股票」、「成熟市場股票」、「新興市場股票」；而債券包括「固定收益債券」、「通脹指數證券」，它們的預期回報率比股票低，但可為投資組合提供多元變化；「房地產和其他商品實物投資」（如黃金等），則可帶來另類的分散風險。

每項資產　投資 5% 至 30%

要達到分散風險的效果，投資組合當中的每項資產類別必須多元化，並達到一定比例程度，如每項資產類別至少投資5% 至 10%，最多不能超過25% 至 30%，避免任何一個資產類別去主導投資組合的盈虧。這種由不同資產類別所搭配的

投資組合，優點是多元、風險分散、機會成本較低，並可長期性投資。
當然，對於一般的投資者來說，在香港買房地產，在高樓價的情況下，
很難做到分散風險，買了房地產，再扣除房貸之後，也佔淨資產的一個
極高的百分比，結果是，不少香港散戶要麼就完全沒有房地產的投資
（除了自住之外），要麼就過分集中在房地產投資當中，令資產價格極受
本地房地產市場的波動影響。撇除這個地區因素，附圖是一個較傳統的
資產分配藍圖可做參考。

傳統資產分配藍圖

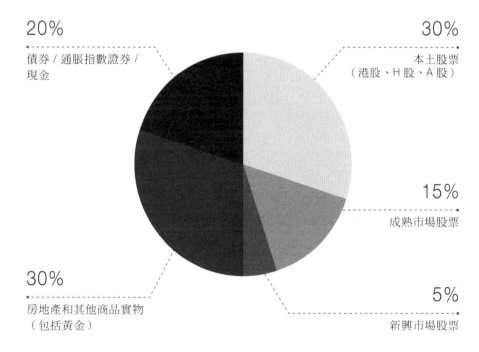

20%
債券／通脹指數證券／
現金

30%
本土股票
（港股、H股、A股）

15%
成熟市場股票

30%
房地產和其他商品實物
（包括黃金）

5%
新興市場股票

以這個藍圖為例，良好而多元化的資產配置，當中50%資產具有股票的投資回報（也有不少人認為，房地產有所謂類似股票的風險回報特徵），而每項投資比例介乎5%至30%，符合多元化要求。這種按照基本投資規律而設的資產配置，對於初期投資的個人而言，是很好的開始。

須考慮投資者風險承受能力

當然，任何資產配置均與投資者本身年齡和可承受風險的能力有關，不可能有一個「One size fits all」的模式，上述只是一個參考比例（稍後會詳談）。資產分配的具體數字，如多少百分比是股票等，雖然有學術研究和理論，推算因年齡而遞減的百分比，不過筆者認為這是因人而異，從八十多歲的股神巴菲特仍然是100%股票持倉就可見一斑。筆者認為，其中一個可考慮的指標，是個人可以承受股票波動性的心理質素。巴菲特拍檔芒格（Charlie Munger）就說過，過去多年（他也是八十多歲），他自己的投資全是股票，而這些股票，曾經有三四次整體跌幅大於50%。

試想想，自己的整副身家，有三四次跌超過一半，如果不能承受這些波幅，就應該盡量減少股票持有量，免得在股票低位時，本來應該低買，卻因為心理因素做了低沽的錯誤操作。

股債周期循環　分散投資平衡風險

當然，歷史告訴我們，各式各樣投資都會隨著金融市場持續變化，有時股市表現較好，有時債市表現較好，但它們都離不開周期性循環的原則，所以投資類別的多元分散，可幫助報酬與風險之間取得平衡性。

猶記得 2008 年歐美債務危機發生時，標普 500 指數慘跌 37%，其中 10 隻被市場喻為「藍籌股」、「績優股」（如雷曼兄弟、房地美、房利美等）通通跌逾 88% 或以上，如果投資者把資產注入其中一隻股票，資本隨時「一鋪清袋」。

都是這一句，成功的資產配置，須根據個人喜好、可承受風險程度、量化及質化各種資產類別，從而最終決定投資組合買入甚麼，避開甚麼，以及投資比例。確立了資產分配是第一步，至於如何執行，和當中的細節，也是整個投資成敗的關鍵。

2.2 風險承受能力 決定資產分配及回報

另一個與生俱來的人性，就是我們對不確定的事物感到恐懼，也害怕失敗。當股市大幅波動時，若筆者勸慰大家不要擔心，這應該會是則笑話。然而，真正的長線投資者，即使面對股市大跌或一片混亂都不會害怕，是主流社會上投資風格比較另類的一群。或者這樣說，我們喜歡看見百貨公司大減價，可以平價買到心頭好；若是美國華爾街進行股票大減價，相信我們只會感到無比驚慌。

筆者認為，能以低價買入商品或各種投資產品，本來就是好事。然而，投資者卻不太理解這個道理，於是股價大跌時不太覺得高興，股價上升時又不懂得擔憂。

波動愈高回報愈大　惟考驗人性

早有不少證據證明，市場波動性與投資獲利存在直接關係。美國Research Affiliates資產管理做過研究，以美股市

場3個時期來分析波動率變化與投資回報率的關係，結果顯示當美股波動率高於15%時，1900年、1946年及1966年的投資回報率分別為13.7%、15.6%及16.4%；相反，波動率低於15%，3個時期的回報率則跌至6%、7.1%及4.2%。

股市波動性愈大，投資回報率愈高，原因是股市出現大幅波動，往往是因為市場泡沫、股價暴跌等出人意表的經濟負面狀況，以致人心惶惶，感到害怕的投資者會急忙以低價賣出手上股票，此時真正的長線投資者便會在這段波動時期，把握機會轉移投資偏好，利用低價的「股票換馬」（Stock switching）策略對抗市場。

以上道理非常簡單，正確的投資策略應該就是上文也有說過的低買高沽，所以跌市時不應過於害怕，反而是隨機應變地轉換更加合適的投資產品。筆者亦明白，於市場無風無浪時賣出股票，又於市場大風大浪時買入股票，兩者都是困難動作，但事實擺在眼前，只要你敢這樣承擔風險，市場一定會給予獎勵，這亦是風險溢價的奧妙之處。

一條問題　了解自己風險承受程度

投資者明白了自己對波動性的反應後，也有助掌握資產分配。傳統的理論，認為資產分配和風險胃納有關，其中的要素包括年齡等，於是，得出的結論通常都是年紀愈大，組合所持的股票資產應該愈少；不過，筆者認為，要了解自己的風險胃納，可以簡單問問自己以下的問題：以自己手持的股票來說，假設某段時候大跌50%，自己的反應會是買更多，還是會低位減持呢？筆者認為，如果答案是低位減持，就證明投資者不能承受股票本身潛在的波動性，最好就減低組合中的股票份額。換句話說，如果不能跟波動性做朋友，就應減少組合中潛在波動性，否則投資只會得不償失。這個用於量度資產配置中股票佔組合的比例，筆者姑且稱之為「大跌50%法則」。

2.3 四大模型助「拋錨」決定資產比例

認識自己對市場波動性的承受程度，是資產配置的最重要因素。筆者的「大跌50%法則」，是其中一種可以參考的資產配置方法。其實，所謂的資產配置，就像投資汪洋中的一個錨：有了這個錨，才能避免心情隨著市場上落而忐忑不安，亦不會因為情緒不穩，更容易做出錯誤的決定。選了這個錨之後，就必須持之以恆才有效。除了「大跌50%法則」外，還有以下幾種較常見的選錨方法，可以介紹和探討一下。

1. 簡單模型（Simple Model）

以年齡為基礎決定股票跟債券的投資比例，因為年齡愈輕，便能承受愈大風險。假設你40歲，持有股票及債券比例是60%及40%；當年齡增至41歲時，股票及債券比例就會調整至59%及41%。這種投資模型的好處是簡單直接，免除太多理性及感性思考，但壞處卻是會忽略個人因素如就業及財政狀況，以及經濟大環境的變化，而投資組合亦不能做到多元化。

不過，整體來說，筆者認為按年齡來逐漸減少股票的量，是除了「大跌50%法則」外，最簡單直接而適用於大部分人的模型。基本上，年輕時的投資會大量集中於股票，年齡遞增代表個人可承受風險減低，故年老時適宜轉移至風險較低的債券。

以年齡決定股債比例　仍有爭議

事實上，金融系學者Bodie和Crane（1997）從美國教師退休基金會（TIAA-CREF）數據中發現，人們隨著年齡增長，退休資產中持有股票比例就會下降。而且，年齡和股票投資的關係與這個「簡單模型」大致符合，基本上年齡每增加一歲，投資股票比例就會下降0.6%。可是，研究是根據過往數據，而人類思想不斷進步，不同時代和群體對年齡和投資可能會產生不一樣的看法，說不定當今世代的年輕勞工便能夠接受比以前更高的金融風險水平。

其實過往有些研究者就提出一個問題：以年齡作為資產配置的準則，是否真的是最佳投資策略？對此，希勒（2005）把標普500指數和美債市場回報的歷史數據作模擬投資組合分析，以觀察退休時的財富資產狀況，結果在多次模擬測試中，發現這類組合有32%未能賺取逾3%的實質回報率；反而，若把資金100%投資於標普500指數，能賺取逾3%實質回報率的機率卻高達98%。Hickman等人（2001）亦以30年持有期作背景，發現這類組合都得出相似的回報結果，就是退休時所累積的財富資產，大概是全額投資標普500指數的回報的一半。Butler和Domian（1993）也有進行類似的模擬投資組合分析，他們把股票、債券與這類和年齡相關的組合作比較，並在多次測試中發現，這類組合只

有8%能超越股市表現，故研究結論跟Hickman差不多，即認為投資股市才是幫助退休儲蓄的最好方法。另外，Ho, Milevsky & Robinson（1994）研究也強調股票的重要性，他們認為採取高風險來賺取高回報的投資策略是必要的，這樣才能減低老人退休後資產不足的風險。

不過，筆者要強調，這個世界沒有免費午餐，股票雖然長遠會有更高回報，但其波動性卻會使很多投資者都心驚膽戰，在最差的時候沽貨震走，最後回報不單不會更好，可能會比買債券甚至是持有現金都更低；因此，投資者必須事先對自己承擔波動性的能力，有足夠的評估。

2.　降低風險模型（Risk Reduction Model）

這類模型中，最有名的是著名投資者達利奧（Ray Dalio）的 All Weather Portfolio，最大宗旨是把組合的下跌風險降至最低。基本上，經濟周期會帶來兩個局面或四種情況：一、經濟活動表現（增長或衰退）；二、資產價格水平（通脹或通縮）。投資組合和這四種情況互相配合：（i）當經濟增長高於市場預期時，組合中的股票和企業債券發揮作用；（ii）當經濟增長低於市場預期時，組合中的長年期政府債券發揮作用；（iii）當通脹高於市場預期時，組合中的商品和通脹掛鈎債券發揮作用；（iv）當通脹低於市場預期時，組合中的股票和債券便發揮作用。

由於市場不是升就是跌，不是通脹就是通縮，因此這種模型可幫助投資者，無論面對任何一種市場環境，也可讓不同資產發揮作用，並把風險達至平衡。筆者認為，這個資產配置的方法也很有見地，不過，具體執行起來有一定難度，是比較進階的投資者的一個選項。

3.　捐贈基金模型（Endowment Model）

如前文所說，國際著名學府如哈佛、耶魯等大學，都有來自各處所捐贈的校務基金，並由一班聰明的投資專家所管理，以致基金表現有一定保證，吸引不少投資者直接「複製」這些名流學府的資產配置。然而，由於校務基金屬於長期性甚至無限期投資，故可以投資一些流動性比較低的資產，賺取所謂的「非流動性」的補償，但一般投資者卻未必能採取一個無限期的投資年期，也不容易參與這些流動性低的資產項目裡，所以難以直接複雜這些基金的回報方程式。

4. 「末日」投資組合模型
（"Doomsday" Portfolio Model）

因為市場不時有預言家提出「世界末日論」，所以亦出現了這種模型。模型所設定的前提，離不開金融經濟崩潰，又或者真的世界末日降臨，屆時貨幣貶值，股票、債券猶如廢紙，因此組合應該買入黃金、白銀、農田等貴金屬，最終反而變成最能保值的實質資產。筆者認為，這個組合違背了「沒有水晶球」的投資原則，太過一面倒，並不適合一般的大眾投資者。

資產規模較細　可循 ETF 入手

至於一般人可能有疑問，覺得資產不多的投資者，難以做到資產分配。筆者認為既然資產配置是在既定的風險下，拿到最高的回報，因此，無論資產規模大小，都自然應該做好資產配置。當然，資產規模太小，執行上的固定手續費可能會增加，而靈活性也可能有限制，不過，隨著不同的ETF面世，而購買全球股票和ETF的渠道也愈來愈多，因此，筆者始終認為「有志者事竟成」，心態和意志就決定在有限的資產裡，投資者能否好好執行資產配置。

2.4 長勝將軍的配置啟示

有「世界上最聰明投資者之一」稱號、曾是全球最大債券基金公司太平洋投資管理（PIMCO）第二把交椅的埃利安（Mohamed El-Erian），於2008年就曾出書 *When Markets Collide*，撰寫當他與金融市場「碰撞」時，如何打敗市場長達40年的投資方法。埃利安的資產配置組合是51%股票、23%債券、商品和房地產各13%。

另有一位上世紀七十年代的著名投資專家布朗（Harry Browne），就提倡一種「永久投資組合」（Permanent Portfolio）策略，特點是把資金分為四份，即每份25%，分別投資股票、長期債券、短期債券及黃金。

波動雖大　無損最終回報

以上兩種資產配置，在1972至2012年期間，埃利安的投資方法每年平均回報率為5.96%（實際回報，in real terms），但年均回報表現最差時卻下跌超過46%；而布朗

的每年平均回報率為4.12%，可是年均回報表現最差只是23.6%。接近6%的平均年回報感覺上不高，不過，經過40年後，整體升值是10倍（已扣除通脹）。為了博6%的年回報，要接受超過40%的波幅，是選擇股票類型的資產所必要面對的考驗。由此可見，市場充滿不可預測的波動性，資產配置重點就在於「回報」和「風險」之間取得平衡。

除了市場風險外，散戶亦要注意投資組合變動所帶來的管理費問題。以埃利安的資產配置為例，若回報扣除1.25%管理費，其回報率將會大大下跌；若是扣除2.25%管理費，則表現甚至比布朗年均回報表現最差的一年還要惡劣。

兩大原則　保障穩健回報

總括而言，以上資產配置例子說明兩個重點：（一）投資組合不需要太複雜，散戶只要堅持投資原則就好；（二）一定要控制管理費支出，否則投資回報只會被林林總總的費用所蠶食。

最後，Cambria Investment Management首席投資官Mebane Faber，在1973年至2013年期間，曾試驗十多個資產配置模型組合之結果，發現若大部分投資者能嚴格遵守「投資組合再平衡」（Rebalancing）操作，都可盡量降低投資損失，並且維持回報有平衡表現。

2.5 投資無「早知」靠紀律穩勝

坊間的投資學說，皆以自己多有能力去預知後市的實際情況為賣點。

筆者認為，要有一個理性的投資理財計劃，首先必須假設沒有人擁有水晶球。事實上，就算世上真的有人有水晶球，能預知萬事所發生的情況，這亦不會是一套能讓所有投資者皆能學以致用的基本方法。

沒有投資者能掌握後市

相反，筆者更有興趣的是，我們能否以「不可知論」為基礎，從而建立一套理財方法。即是說，只要依照這套理財方法，就算沒有水晶球，投資者也能作出比市場平均更好的投資決定。因為人們自以為有了水晶球，通常都會過份自信，而過份自信是一個普遍的人性現象。

舉個例子，如果要大家去猜30次擲錢幣的結果，按照機率而言，猜對與猜錯的機率是一半一半。然而，對於一些甫開始便猜對的人來說，他們會認為自己較那些甫開始便猜錯的人，更有能力去猜中結果，但其實猜中結果與否，均和個人能力無關。

巴菲特就曾經舉個一個例子：假設有一個全美國2.2億人民參與的擲公字比賽，每天擲一次，輸了的要給贏了的人1元（或在同一個遊戲中曾贏回來的錢）。由於是零和遊戲，再加上統計上的必然性，10天之後，就會有其中的22萬人10次全中，而拿到1,000元（10次全中的機會率大約是千分之一）。人性使然，這22萬人不會覺得自己是純靠運氣，而會有意無意或在潛意識裡，多少覺得自己有過人之處才能「人無我有」，

然後在朋輩之間的交流討論，都會明示暗示自己厲害之處。再過10日，連續擲了20次之後，還是會有超過200人每次都估中（20次全估中的機會率是百萬分之一），而這些幸運兒就會各人累計贏了100萬了。既然是一項全國矚目的盛事，這個幸運兒當然會接受傳媒的採訪，成為財經雜誌封面，或是出一兩本書，教授和分享自己如何贏取這100萬，書名可以是《我如何把1元轉為100萬發達之路》，肯定會成為暢銷書。

用於投資市場上，人性有一種傾向：如果剛開始的時候買對了，便對自己有較大信心，不去深究自己對的原因是運氣（即隨機率），還是真有特別深入的分析見解；如果誤以為運氣就等於自己的實力和預知能力，便可能犯下太進取的毛病，打亂自己的部署。

資產配置重要　謹守紀律更關鍵

哪一個資產配置方法最好？眾說紛紜；股票和債券的比例是甚麼？也可有不同學說。到底哪一種模式最好，很難透過過去的歷史測試，因為測試的時段，已經決定了結果；相反，最重要的是揀定了一種方法後，就不要因為市場情況而轉換，要有紀律地操作。

選擇哪一個資產配置雖然重要，但更重要的是選了之後，便要謹守紀律，並持之以行，同時恪守「投資組合再平衡」操作；否則，時常變換資產配置，看哪一個最近表現好就轉變，變相就是「趨勢投資（momentum trading）」，追逐時尚，最終只會打亂了章法，進退失據，得不償失。

定時「再平衡」
助低買高沽

知道了資產配置是決定回報高低的最重要因素，以及因應自己需要來決定資產分配比例後，下一步是如何執行，尤其是資產配置要求投資者有頗高的心理質素，嚴守投資紀律和系統，貫徹執行「投資組合再平衡」（Rebalancing，以下簡稱「再平衡」）。

眾所周知，投資不能單打獨鬥，一隻明星股（或明星基金）可以推你上天堂，亦可以拖你下地獄。因此，散戶設置有效及多元化的投資組合還不足夠，為求「進可攻，退可守」，更應堅持執行「再平衡」，以應變市場的變幻莫測。

筆者一直強調，投資組合配置有兩個非常重要因素：風險及回報。然而，大部分散戶的投資組合往往追求「回報」導致忽略「風險」。須知道，環球金融市場千變萬化，各種不穩定因素（如政治局勢、經濟政策、滙率等）都可導致不同資產類別的風險及回報出現變異。

即使散戶的投資目標不變，但最初開始所設置的投資組合卻會因市場力量而有所變化，可能使風險提高，造成預設回報錄得意料之外的虧損。對此，散戶應該隨著市場變化，透過採取再平衡，以還原組合最初面對之風險程度，才能有機會實現最初設定的目標回報。

風險降至最低　達原先投資目標

再平衡其實非常簡單，就是透過買賣的操作，將投資組合中的資產比例，還原至最初的設定。舉個簡單例子，假設本身的總資產是100元，投資者根據自己的需要，將資產配置比例預設於50%股票、50%債券，即最初的組合是50元股票50元債券。假設股票大跌一半，令股票只值25元，而債券不變是50元，總資產於是變成只有75元，令股債各一半的比例失衡了，變成債券佔組合超過六成。要把資產配置重新拉回50%股票50%債券的比例，就要賣12.5元的債券，買12.5元的股票，使股票債券皆是37.5元，「再平衡」至股債各一半的設定（詳見後頁附圖）。

但散戶不要誤會，再平衡的核心價值是追求把投資組合風險降至最低程度，而非把回報極大化；理論上它是把投資組合回復至原定資產分配的系統操作。從以上的例子，起碼可以看到再平衡這個方法，只要持之以恒，會讓投資者克服人性高追低沽的衝動，做到更理性的低買高沽。

半年或每年一次　成本效益佳

一般而言，散戶對再平衡操作有三大疑問，就是 How often（要多經常去檢視投資組合？）；How far（可以允許投資組合偏離最初目標有多遠？重新平衡時，可以允許多少偏差幅度？）以及 How much（願意花費多少錢去進行再平衡操作？）

然而，有研究就指出，以上三個How對投資組合風險及回報之影響其實沒有顯著差異。筆者認為，如果散戶要頻繁地進行再平衡（例如每月進行），反而要考慮當這些次數相加起來所引發的成本，個人是否能夠負擔。

因為再平衡是有成本的，包括（一）稅收；（二）交易成本；及（三）時間及勞動成本。在再平衡過程中，資產買賣或會涉及印花稅、資本利得稅等；若牽涉金融機構如券商、基金公司，亦須付出經紀佣金、基金贖回費等；若投資組合是經由專業基金經理打理，更須支付管理及行政等費用。

「再平衡」操作

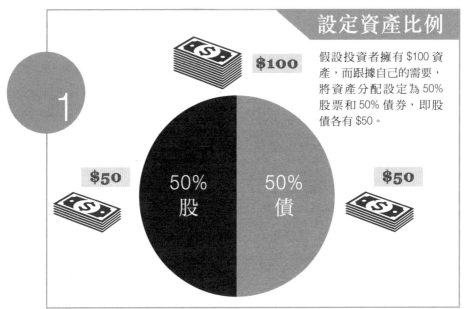

設定資產比例

$100

$50

$50

50%
股

50%
債

假設投資者擁有 $100 資產，而跟據自己的需要，將資產分配設定為 50% 股票和 50% 債券，即股債各有 $50。

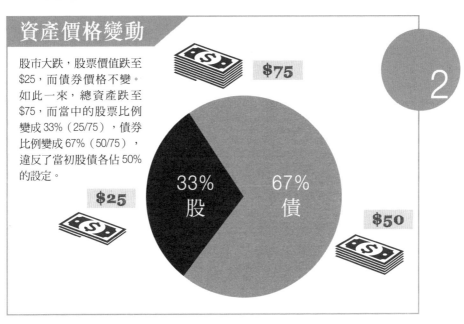

資產價格變動

股市大跌，股票價值跌至 $25，而債券價格不變。如此一來，總資產跌至 $75，而當中的股票比例變成 33%（25/75），債券比例變成 67%（50/75），違反了當初股債各佔 50% 的設定。

$75

$25

$50

33%
股

67%
債

進行「再平衡」

要變回股債各 50%，投資者就需賣出 $12.5 債券，並買入 $12.5 股票。由於股市此時正下跌，故起到「低買」的作用。

回復原先比例

完成「再平衡」後，投資者手持 $37.5 股票和 $37.5 債券，總資產維持在 $75，但股債比例就重回各 50%。

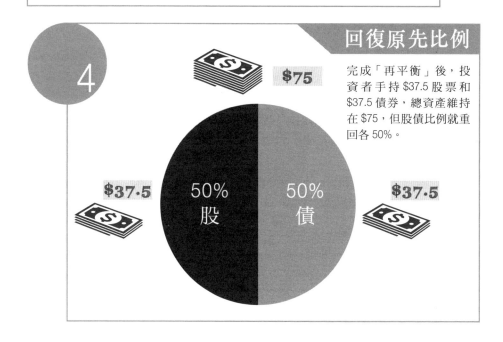

三種策略　決定「再平衡」時機

所以「再平衡」操作愈頻繁，散戶所承擔成本則愈重。從策略而言，筆者認為每半年或每年進行一次再平衡將是首選。另外，市場上亦有三種再平衡策略可提供散戶參考。

策略一：時間為本（Time-only）

以最初設定的時間因素作為主導再平衡操作策略，即以時間作為唯一標準，如每天、每月、每季或每年。故此，散戶不需要理會投資組合的資產配置與原先既定目標有何偏差或變化，只要按計劃定時執行便可。

策略二：偏離幅度為本（Threshold-only）

和策略一相反，這策略是忽略時間因素，只要投資組合內的資產配置與原先設定的幅度出現偏離（例如1%、5%或10%），則不管時間長短及成本多少，都需要作出再平衡操作。因此，操作次數或會變得非常頻繁，若市況大上大落，甚至可能一天一次，但亦有可能幾年也不須操作一次。

策略三：共同考慮時間及偏離幅度（Time-and-threshold）

策略三就是將上述兩個策略結合，把時間和偏離幅度一同考慮。散戶要事先確定檢查投資組合的時間（例如每月、每季、每年），以及偏離幅度（例如1%、5%、10%）。簡單而言，就是要兩個因素都符合，才能作出再平衡操作。

雖然再平衡策略有三種，但不管散戶選擇哪一個，重點都是堅守執行紀律。對任何散戶而言，投資紀律是最具難度的，特別是遇上大跌市時，散戶會受到打擊，導致對後市失去信心，因而失去投資動力及慾望，不想花時間和金錢進行再平衡操作，最終錯失重要的投資翻身良機。

大跌市後　往往是「再平衡」良機

可是歷史證明，進行再平衡的最佳時機往往都是在股市遭逢大崩盤之後出現，只要散戶能夠堅守最初設定的資產配置，最後都會獲得極大回

報。舉例，1926年至2009年期間，美國股市就有7次可以進行再平衡的大好機會，它們都是發生在金融危機或災難之後。

或者這樣說，這7個危機年的隔年回報都特別差勁，股市呈現一片如塵埃的黯淡，但如果你錯過此時進場買入已經跌價的優質股票，未來就會錯過反彈，失去錄得可觀回報的機會。

另外，1926年至2009年之間美國股市的平均回報率為9.93%，但是最好的股票回報率是53%，最差股票之表現卻可是負43%；在這84年裡面，有四分之一的時間股票市場都是賠錢的。筆者說這麼多，無非是想帶出資產配置的極端重要性，再平衡的最大優點就是把我們都不能預料的各類市場風險降至最低。

股市大跌市，散戶無心無力操作再平衡；可是就算是大牛市，散戶依然不想為投資組合重整，原因是他們太樂觀了，被市場美好氣氛所蒙蔽，以為金錢會隨著牛市起舞而一直獲利下去。即使市場變化已令原本的資產配置出現變動，但他們根本不捨得把手上表現好的股票賣掉，忘記了最重要的投資紀律原則。

總結而言，散戶一開始所設立的投資組合及資產配置是最重要的，它包含了（也考慮了）個人可承受風險能力、投資時期、投資目標等因素。然而，投資組合經過一段時間運行，市況會帶動資產配置出現不同程度的風險及回報，讓原先設定的投資目標出現偏離，此時再平衡便有著極其重要性，把你正在偏離原先投資目標的組合，慢慢拉回正確的道路上。

「再平衡」系統化操作助克服人性

透過進行「再平衡」來執行資產配置，其中一大原因是投資者難敵人性弱點，透過系統性的操作，就能減低心理因素對投資的影響。

環球市場每天變化，牛市和熊市輪轉交替，時而亢奮時而慘烈，投資者擁有七情六慾，難免受到貪婪或恐懼而做出衝動、情緒化的投資決定，此舉結果不是「成王」就是「敗寇」。然而，筆者深信正因為市場千變萬化，投資者更應嚴格堅持長線觀點及紀律，以排除人性軟弱的干擾。

貪婪、恐懼作祟　常低賣高買

貪婪與恐懼是投資者的大敵，兩者皆天生，最精明理性的投資者，都可能會因一時決定打亂預設的投資計劃。股市循環，人性依舊，每當股市表現欠佳，投資者都不喜歡把表現優秀的資產賣出，然而所謂「別人恐懼時我貪婪」，大跌市往

往才是黃金投資時機，如在股市慘淡低迷時，投資者若不採取適時調整組合，重新衡量市場上的資產價格，將對長期投資目標帶來負面影響。

戰勝市場容易，戰勝不守紀律才困難。不少成功的投資者都擁有相同習慣：設置一個長期的投資組合，透過再平衡堅持持續執行；而這種投資紀律在熊市時，往往都能經得起考驗，擋得住風雨。

何謂長期性投資？我們試想像，從今日回顧一名投資者過去30至40年的投資生涯，便可發現他經歷過不少股災事件，例如1987年10月19日的「黑色星期一」（美國道指跌508點或22.6%）、1994年的「債市大屠殺」、2000年的互聯網泡沫爆破，甚至是2008年的金融海嘯。

面對股市如此驚心動魄的困境，該名投資者能如何從漫長生涯中「活」過來？筆者認為，關鍵並非他有否掌握一個全知的水晶球，而是在投資過程中能否控制損失風險。

嚴守資產配置　股災轉危為機

事實上，2008年金融海嘯發生時，不少「隨波逐流型」投資者在那年12月底把股票從投資組合中賣出，雖然成功避過2009年初更深更廣的大跌市，但亦錯過了3月開始出現的大牛市反彈，此舉證明許多投資者受市況波動而作出衝動決定，而且他們慣性賣出一個資產（例如股票）後，就久久不再入場投資，以致延誤重新入市獲利的大好時機。

相反，「嚴守紀律型」投資者面對熊市時，市況波動令其投資組合出現變化，為求貫徹最初預設的資產配置比例，他們會作出適當調整，而不是受制於市場，「見高就賣，見低就買」，這種嚴格遵守當初投資觀點與紀律，反而能夠幫助他們與市場共舞，避過不必要風險，同時捕捉到危轉機的獲利機會。

面對變幻莫測的投資市場，即使連股神和專業基金經理的手上都沒有水晶球，甚至有預測錯誤的時候，故投資者必須控制個人能夠掌握的因素，面對市場誘惑時，嚴守投資紀律，不要企圖捕捉買賣時機，以及追逐高風險回報，否則只會拖累最終投資成果。

大戶也有失手時　「再平衡」無懼市況難測

舉一個真實例子，對冲基金巨擘阿克曼（Bill Ackman）旗下的 Pershing Square因2015年表現大跌20.5%，而向投資者公開道歉；但道歉背後，大家卻忘記其基金2014年全年表現高達32.8%，屬全球排名第一的對冲基金。

眾所周知，阿克曼是著名的進取投資者，其基金向來押注少數的大型股票，並通過推動公司管理變革以釋放更多的企業價值。事實上，所管理的資產愈多，難度就愈高，他的投資過程一定較普通投資者更為複雜和困難。

不過，事實上是專業投資者或任何專家都不可能百分百準確預測市場；既然如此，致勝的關鍵就是要有良好的紀律，除非你有異常的運氣。如果你的投資組合低成本、資產多元化且風險平衡，基本上資產足以隨時間推移而升值。再按設定的時間因素採取「再平衡」，則可保證你能在市場上做到低買高買。

因此，不管投資市場如何地動天搖，只要你能把最初設置的投資組合持之以恆，不要經常買賣，堅持低成本的高效益投資，並適時作出再平衡，則投資表現將會比絕大部分投資者、甚至一些投資專家都來得要好。

CHAPTER
03

掌握資產特性
了解投資優劣

3.1 投資放眼全球 美股多元化可取

股票相信是最熱門的投資資產之一，也是不少投資者的投資組合中最大部分。不過，不少香港投資者都集中於香港市場，雖然涉足內地市場的也日漸增加，但投資世界豈止一兩個市場呢？放眼環球各地，投資機會處處，也是分散投資的好方法。筆者知道不少投資者會透過買賣環球股市，例如美股及環球 ETF（交易所買賣基金），從而把資產配置做到環球分散化，一來把風險大幅降低，二來可以捕捉港股以外的投資回報。

過往幾年，隨著愈來愈多美股表現屢創新高，投資者早就擺脫買賣美股屬於「隔山打牛」的負面形象，反而覺得美股就像一個具有國際性規模的大型超級市場，貨架上可供買賣的股票種類多不勝數。

除了大家耳熟能詳的科技股巨擘如蘋果（Apple）、微軟（Microsoft）、谷歌（Google）外，部分大型日本股票如索

尼（Sony）及豐田汽車（Toyota），甚至英國石油（BP）、力拓集團（Rio Tinto）及歐洲的股票都可以在美股市場尋獲芳蹤。

美股 ETF 包羅萬有　網上買賣便宜

對於鍾情ETF的投資者而言，美股市場擁有逾1,500隻ETF，既有追蹤全球數十個國家的股市指數，亦有各式各樣的資產；債券方面則有公司債、市政債、垃圾債、抗通脹債、新興市場債等等，絕對稱得上是任君選擇。

現時本港不少大型銀行、證券行以及理財顧問公司都有提供買賣美股服務，開戶手續亦不繁複，基本上繳交所需文件及填妥申請表格即可。交易費用方面，各家金融機構不一樣，優惠亦有分別，基本上視乎進行美股交易的投資平台，傳統的電話落盤會比較昂貴，網上交易則較便宜。

可考慮強積金投資美股被動基金

筆者認為，投資美股時有些事項必須注意：（一）一般美股的最小交易單位為1股，與港股交易單位有異；（二）對股息的Withholding Tax（預扣稅），可以最終拿回，但有一定的手續。

科技發達，投資無分界限。美股市場比港股市場更加成熟規範，投資產品多元化，流通量充足，透明度高。筆者認為，若投資者做足準備功課，了解交易成本，以及清楚個人可承受的風險能力，大可嘗試涉獵美股市場，把資產配置提升至國際化、環球化的風險分散層面。

如果投資者擔心投資美股會力不從心，不想直接開立戶口。筆者亦想到兩個方法：

（一）從個人的強積金投資組合入手，現時有部分受託人會提供主攻美股市場的強積金基金，打工仔可以月供方式，用以投資美股被動基金。

（二）透過本港的基金公司投資美股市場，由專業基金經理負責打理。舉例全球最大互惠基金公司 Vanguard（領航）已在本港開展業務，於港股市場推出追蹤標準普爾 500 的指數 ETF，亦是投資者希望投資美股的其中出路。

3.2 利用美股ETF分配資產廉價高效

交易所買賣基金ETF近年開始較為本港投資者熟悉，事實上，美國的ETF市場發展早已相當成熟，不但交投量大，更重要是種類繁多，無論是不同資產種類、市場，甚至是資產價格波幅和年期，也有相關ETF可供選擇，令投資者可以按自己需要投資，更是一種用作資產分配的理想選擇。

ETF是在交易所上掛了牌作買賣的基金，和平時買賣股票分別不大。ETF一般追蹤或模擬某種指數的表現，追蹤目標可以是某個資產市場、某市場中某部分、個別區域的市場，以至全球市場。本港上市的ETF有超過100隻，最出名的一定數到盈富基金（2800），不過若以市場發展來看，本港的ETF市場肯定遠遠不及美國。

大至環球小至個別概念　一一俱全

以股票為例，若投資者看好美國的經濟發展，既可選擇美股的標準普爾500指數ETF，或指數內的科技板塊ETF，而即

Chapter 03　掌握資產特性　了解投資優劣

使是科技板塊內，也可以選擇只是「雲端」概念相關的ETF；拉闊一點，投資者也可選擇環球股市或北美股市ETF，可見各種需求ETF也能滿足。

分散投資是資產分配的核心，分散風險才可以減低風險，提高風險調整後的回報。一般來說。ETF這類指數基金「買市不買股」，能有效而廉價地分散風險。而且ETF管理費較低、買賣成本低、透明度高，加上有莊家負責開價及報價，令流通量（liquidity）獲得保證。買外國ETF更可以隔山買牛，透過追蹤不同外國股市指數，捕捉環球股市的投資機遇。

除了股票，ETF最吸引的地方是已發展到很多其他資產市場，包括債、商品、貨幣、信貸、房地產，而且可以細分成不同市場。舉例說，買商品可買整個綜合商品指數，亦可只買其中的個別商品如可可豆；買債券ETF的話，既可選擇從種類入手，如美國國債，垃圾債或通脹掛鈎債券，亦可從年期入手，選擇買短期債或長期債，各取所需。

買多種 ETF　更廣泛分散風險

ETF所涵蓋的範圍廣泛，包羅萬有，絕對是資產分配的好工具，要分散得更徹底，最佳做法是投資多種ETF，包括不同的資產和市場。投資者可先確立投資在哪一種資產（如債、商品、貨幣、信貸、地產），和地區分布（例如投資股票，就是看已發展國家和新興市場的比重等），再揀選合適的ETF。

投資ETF時，需留意其市值和流通量，愈高的話，買賣差價就當然愈低，更重要是理論上有經濟效益，能減少追蹤誤差（tracking errors，

66　|　67　FQ思維❷ 穩健投資很簡單

即ETF實際回報和掛鈎指數的差異）。故此，紐約上市的ETF確實是較佳選擇，選擇多之餘，即使香港和紐約也有同樣品種，紐約的流通量也往往較好。此外，有很多新的ETF供應商進入市場，但由於知名度不高，旗下ETF的流通量也自然不高，甚至最終難逃解散的命運。故此，在買ETF的時候，全球最大最穩妥的供應商所提供的ETF是較佳選擇，美股ETF也較能滿足這需求。

舉例說，若投資者希望透過ETF來涉足新興市場，最好就是買一些追蹤整體新興市場股票的指數，其成份股的流動性就相對好；如要買一般的企業債券（包括垃圾債券），可能就要參考一些主動管理的基金。順帶一提，筆者反對購買單一的債券，除了單一債券的門檻較高，也是因為

債券的回報風險的本質，就是回報低但可以輸本金，因此必須規避單一風險。分散風險對債券來說，尤其重要，這點後文會再詳談。

大型公司 ETF 有優勢

為了闡析如何運用ETF去簡易建構均衡的資產配置，筆者以下就用了一些ETF做例子。既然用得ETF，就要Back-to-Basics（回歸基本），切忌一些太花巧、甚至是掩人耳目的假ETF。對於資產管理公司來說，ETF是一個靠規模經濟的低毛利生意，因此，從投資者的角度，一般大型的ETF資產管理公司，在價格上必然有優勢。另外，ETF要留意的是底下的資產流動性，不是所有資產皆適宜拿來做ETF，比方說垃圾債，或是一些市場較少的新興市場股票，由於流動性低，在市場波幅大的時候，也可能出現較大的誤差；因此，筆者一般不建議用ETF買債券（除了美國國債以外），也要避開較少的新興市場股票ETF。而由於在美國上市的ETF較多，筆者也會用一些在美國上市的ETF做例子，只要投資者在銀行或在其他證券行有美股戶口，相對的選擇也較多。

港美 ETF 例子

	香港上市	美國上市
港股	盈富基金（2800）	
H股	恒生H股指數ETF（2828）	
成熟市場股票	領航標準普爾500指數ETF（3140）	Vanguard S&P 500 ETF（VOO）
	領航富時發展歐洲指數ETF（3101）	
	iShares安碩納斯達克100指數ETF（2834）	
	iShares安碩歐元區STOXX50指數ETF（3155）	
		Vanguard FTSE Developed Markets ETF（VEA）
		iShares MSCI EAFE ETF（EFA）
新興市場股票	領航富時亞洲（日本除外）指數ETF（2805）	
		Vanguard FTSE Emerging Markets ETF（VWO）
		iShares MSCI Emerging Markets ETF（EEM）
債券		Intermediate-Term Government Bond ETF（VGIT）
		Long-Term Government Bond ETF（VGLT）
		Extended Duration Treasury ETF（EDV）
		Short-Term Inflation-Protected Securities ETF（VTIP）

要補充一點，如果買債（除了國債外）不用ETF，又有甚麼方法去買債呢？在資產配置上，筆者傾向只買國債，因為企業債所拿到的信貸風險和回報，理論上其實可以透過股票的組合中拿到，債的組合就可以主要拿到利率的風險和回報。如果一定要買非國債以外的債券，筆者就建議用普通的基金來買，切忌買單一的企業債券；因為很多時候，在香港買債券的門檻相對高，就算透過私人銀行等渠道買到債券，但由於買一手已經需要不少錢，如果只買了一隻兩隻債券，筆者認為是不智的，因為，債券的風險回報有可能是「贏粒糖輸間廠」，因此，買債是必須是一籃子，分散風險，才能拿到最佳的風險回報比例。

ETF 簡介

盈富基金（2800）

盈富基金（Tracker Fund of Hong Kong，2800）於1999年11月上市，為本港首隻ETF，旨在追蹤恒生指數的表現，換句話說，買入盈富基金就等於買入50隻恒生指數成份股。盈富基金源於1998年亞洲金融風暴，本港金融市場遭受國際外匯炒家狙擊，港府決定入市大量買入港股，最終成功擊退「大鱷」。為了消化這批股份，遂透過ETF的形式還富於民，為當年首隻於亞洲（日本除外）面世的ETF。盈富基金開支低，全年經常性開支只有0.10%，加上追貼恒指表現，既可捕捉大市的升幅，而且定期派息，故受不少穩健派的投資者歡迎。截至2017年1月31日，盈富基金自成立以來的累積年度化回報為2.9%，總市值達842億港元。

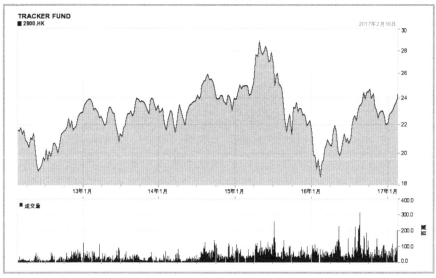

2800 價格走勢

恒生H股ETF（2828）

恒生H股ETF（2828），顧名思義追蹤恒生中國企業指數（恒生H股），主要投資恒生H股的成份股，即在本港上市的大型國企股，是投資中國內地股市的不錯選擇。

恒生H股ETF於2003年11月成立，截至2017年1月31日，恒生H股ETF的年初至今回報率為4.930%。

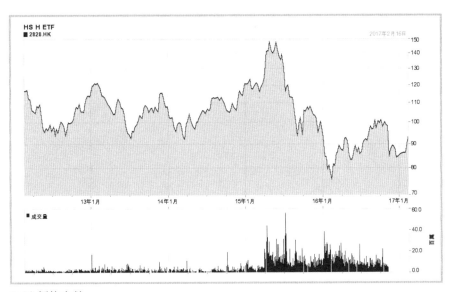

2828 價格走勢

領航標準普爾500指數ETF（3140）

領航（Vanguard）是全球最大互惠基金公司，由著名的「指數基金之父」約翰・柏格（John C. Bogle）創立。這個領航標準普爾500指數ETF（3140）追蹤美國標準普爾500指數的表現，即反映以美國大型企業股票主導的美國股市的表現，涵蓋約500間美國經濟中最主要行業的龍頭公司，是投資美股的選擇。

ETF於2015年上市，截至2017年1月31日為止，成立自今的市場價格上升6.2%，股票回報率則有17.64%；十大持股中，以蘋果（Apple）、微軟（Microsoft）及Alphabet等國際龍頭科企為主。

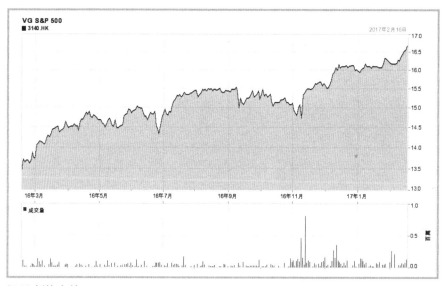

3140 價格走勢

Vanguard S&P 500 ETF（VOO）

同樣由領航發行及追蹤標準普爾500指數，但Vanguard S&P 500 ETF（VOO）在美國本地上市，故資產規模較上述的領航標準普爾500指數ETF（3140）為大。

基金於2010年上市，截至2016年12月31日為止，平均年表現為14.42%，和指數的14.45%基本上一致。而截至2017年1月31日，基金的總淨資產共2,924億美元，十大持股同樣以科企為主，反映標指的成份。

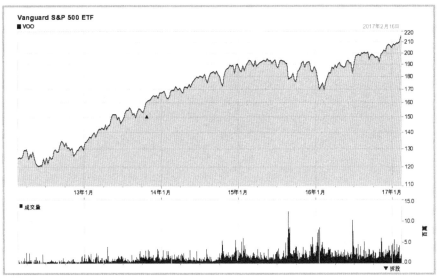

VOO 價格走勢

領航富時發展歐洲指數ETF（3101）

領航富時發展歐洲指數ETF（3101），追蹤富時發展歐洲指數的表現，涵蓋全球98%可投資市值的富時全球股票指數系列，計量歐洲已發展國家企業大型及中型股的市場表現。

截至2017年1月31日，此ETF的股票回報率為15.93%，主要持股來自英國、法國、德國及瑞士；十大持股中，有雀巢（Nestle）、荷蘭皇家蜆殼（Royal Dutch Shell）、羅氏（Roche Holding）及滙豐（HSBC Holdings）等歐洲大型股票。

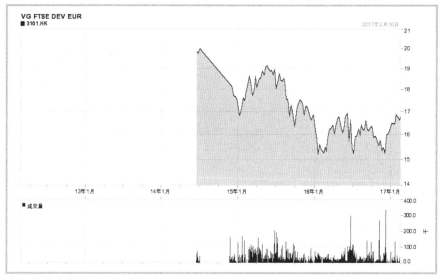

3101 價格走勢

iShares 安碩納斯達克 100 指數 ETF（2834）

iShares 安碩納斯達克 100 指數 ETF（2834），由貝萊德（BlackRock）發行，追蹤美國納斯達克 100 指數。納斯達克 100 指數為納斯達克 100 隻最大型本地及國際非金融類上市公司組成的指數，故持股以科企為主，包括蘋果、微軟、亞馬遜（Amazon）及 Facebook 等。

基金於 2016 年 6 月成立，截至 2017 年 1 月 31 日為止，ETF 自成立已來的累計表現為 17.63%。

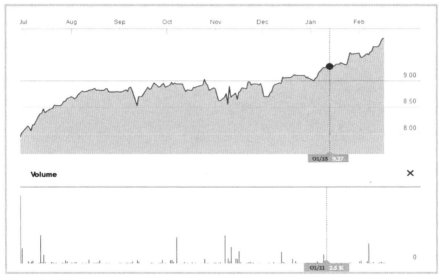

2834 價格走勢

iShares 安碩歐元區 STOXX 50 指數 ETF（3155）

iShares安碩歐元區STOXX 50指數ETF（3155），同樣由貝萊德發行，追蹤歐元區STOXX 50指數。歐元區STOXX 50指數，為歐元區50大藍籌股組成的市值加權平均指數。截至2017年2月，其主要持股來自法國、德國及西班牙，包括法國石油巨擘道達爾集團（Total SA）、德國西門子（Siemens AG）、賽諾菲公司（Sanofi SA）及拜耳集團（Bayer AG）等。

基金於2017年成立，截至2017年1月31日，自成立的累計表現為9.29%。

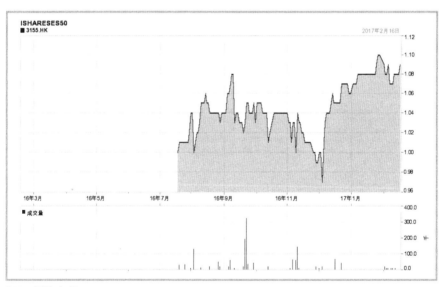

3155 價格走勢

Vanguard FTSE Developed Markets ETF（VEA）

Vanguard FTSE Developed Markets ETF（VEA）於美國上市，由領航發行，追蹤FTSE Developed All Cap ex US Index，亦即是全球（美國以外）已發展市場的所有股市指數，包括加拿大、歐洲主要市場及太平洋地區的大型、中型及小型股票。投資者可透過此ETF投資全球股市；截至2017年1月31日，53.20%持股來自歐洲，37.40%持股來自太平洋地區。

基金於2007年成立，截至2016年12月31日的成立至今平均年表現為-0.23%。截至2017年1月31日，基金的總淨資產為711億美元；十大持股為雀巢，荷蘭皇家蜆殼及三星電子等。

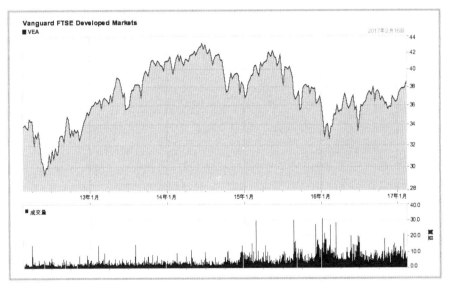

VEA 價格走勢

iShares MSCI EAFE ETF（EFA）

iShares MSCI EAFE ETF（EFA）於美國上市，由貝萊德發行，追蹤
MSCI EAFE Index，即歐洲，澳洲及遠東市場的指數，換句話說，投
資者可透過此ETF投資美加以外的已發展市場大型及中型股票。

基金於2001年成立，截至2016年12月31日，基金由成立以來的平均
年回報為4.61%。截至2017年2月，主要持股包括雀巢、匯豐、瑞士
諾華製藥（Novartis AG）、羅氏控股（Roche Holding AG）及豐田
汽車等。

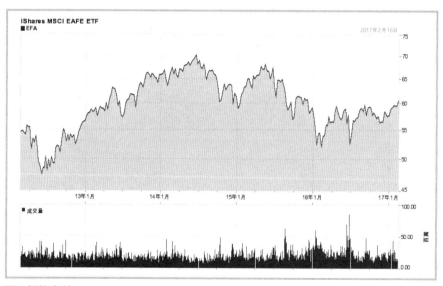

EFA 價格走勢

領航富時亞洲（日本除外）指數ETF（2805）

領航富時亞洲（日本除外）指數ETF（2805），追蹤富時亞太區（日本、澳洲及新西蘭除外）指數，分別投資於中國、香港、印度、印尼、南韓、馬來西亞、巴基斯坦、菲律賓、新加坡、台灣及泰國等股票市場。

基金於2013年成立，截至2017年1月31日為止，股票回報率為16.91%，主要持股來自中國、韓國、台灣、香港及印度，十大持股包括三星電子、騰訊、台灣積體電路製造公司（台積電）、友邦保險及中國建設銀行等。

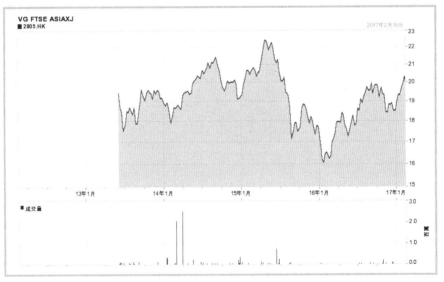

2805 價格走勢

Vanguard FTSE Emerging Markets ETF（VWO）

Vanguard FTSE Emerging Markets ETF（VWO）於美國上市，由領航發行，追蹤 FTSE Emerging Markets All Cap China A Inclusion Index，即新興市場如中國、巴西、台灣及南非的股市。由於投資新興市場的關係，此ETF屬高回報高風險的一種，比較適合長線投資，捕捉新興市場的長遠發展機遇。

基金於2005年成立，截至2016年12月31日，自成立以來的平均年回報為5.56%。截至2017年1月31日，基金總淨資產有655億美元，99%持股來自新興市場，十大持股包括台積電、騰訊、非洲最大傳媒集團 Naspers、中國建設銀行及中移動等。

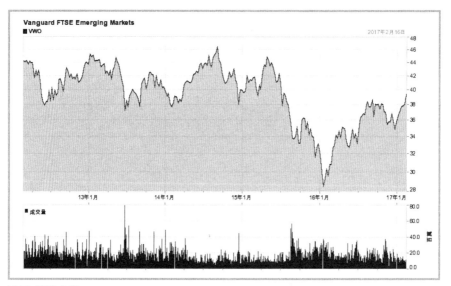

VMO 價格走勢

iShares MSCI Emerging Markets ETF（EEM）

iShares MSCI Emerging Markets ETF（EEM）於美國上市，由貝萊德發行，追蹤MSCI Emerging Markets Index，即新興市場的大型及中型股票。

基金於2003年成立，截至2017年2月中的淨資產達285億美元，十大持股包括三星電子、台積電、騰訊、阿里巴巴及Naspers等，主要持股來自中國、南韓、台灣、巴西及印度等。

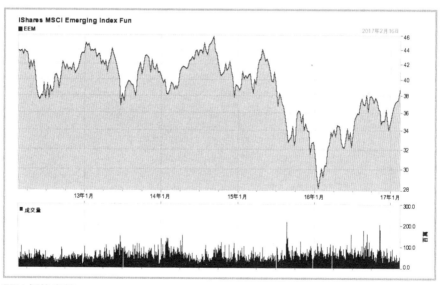

EEM 價格走勢

Intermediate-Term Government Bond ETF（VGIT）

Intermediate-Term Government Bond ETF（VGIT）於美國上市，由領航發行，追蹤 BloomBarc US 3-10Yr Gov Flt Adj Idx，主要投資中期國債。截至 2017 年 1 月 31 日為止，基金 99.7% 投資於美國國債，0.3% 投資於其他 Aaa 級國債，而平均有效期限（Average effective maturity）為 5.5 年，平均年期（Average duration）則為 5.2 年。

基金於 2009 年成立，截至 2016 年 12 月 31 日為止，成立至今的平均年回報為 2.98%。

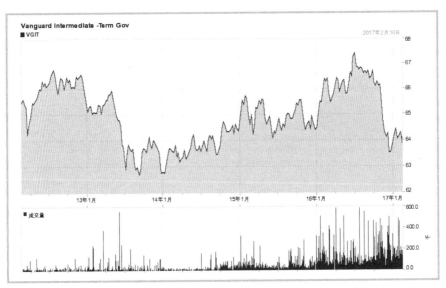

VGIT 價格走勢

Long-Term Government Bond ETF（VGLT）

Long-Term Government Bond ETF（VGLT）於美國上市，由領航發行，追蹤BloomBarc US Long Gov Flt Adj Idx，主要投資美國長期國債；截至2017年1月31日為止，基金100%投資於美國國債，持有共70隻債券，平均有效期限為24.8年，平均年期則為17.1年，總淨資產為9億美元。

基金於2009年成立，截至2016年12月31日為止，成立至今的平均年回報為6.17%。

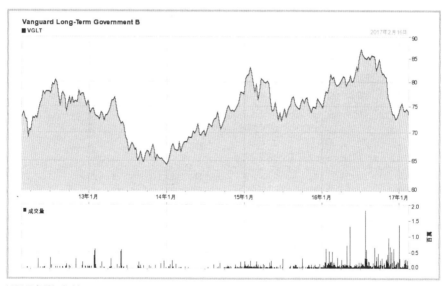

VGLT 價格走勢

Extended Duration Treasury ETF（EDV）

Extended Duration Treasury ETF（EDV）於美國上市，由領航發行，追蹤Bloomberg Barclays U.S. Treasury STRIPS 20 - 30 Year Equal Par Bond Index，主要投資被稱為「零息債券」的本息分離債券（Separate Trading Registered Interest and Principal Securities，STRIPS，投資者以債券面值的折扣價買入獲利），並以長年期美國國債為主。截至2017年1月31日為止，基金100%投資於美國國債，持有共77隻債券，平均有效期限為24.8年，平均年期則為24.4年，總淨資產為13億美元。基金於2007年成立，截至2016年12月31日為止，成立至今的平均年回報為7.71%。

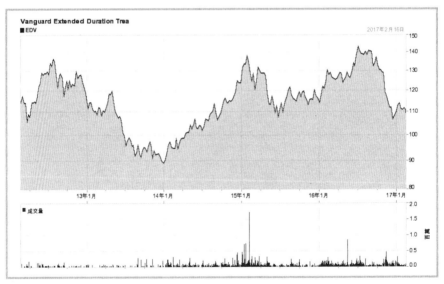

EDV 價格走勢

Short-Term Inflation-Protected Securities ETF (VTIP)

Short-Term Inflation-Protected Securities ETF（VTIP）於美國上市，由領航發行，追蹤 BloomBarc US 0-5 Year TIPS Index，主要投資於剩餘年期不足 5 年的美國財政部抗通脹債券（Treasury Inflation-Protected Securities，TIPS），可保障投資者於未能預計的通脹情況。

截至 2017 年 1 月 31 日為止，基金 100% 投資於美國國債，持有共 15 隻債券，平均有效期限為 2.7 年，平均年期同為 2.7 年，總淨資產為 182 億美元。基金於 2012 年成立，截至 2016 年 12 月 31 日為止，成立至今的平均年回報為 0.06%。

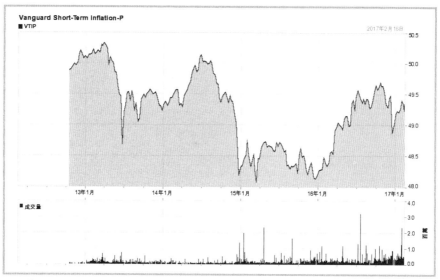

VTIP 價格走勢

ETF 品種多　投資要留神

ETF有很多種，投資者要小心留意，選擇適合自己需要的。例如ETF分現金基礎（cash based）和掉期基礎（swapbased），或坊間所說的「實物」及「非實物」ETF。以香港的ETF來說，盈富基金就是現金基礎，真金白銀購買股票；而X安碩A50中國（2823）這類以「X」行頭的ETF就屬於掉期基礎的合成ETF，除了實物持股，也與對手進行掉期交易（swap counterparty），透過衍生工具拿到股票的投資（exposure），再用這些衍生工具組織成基金；所以若果掉期對手像雷曼兄弟般倒閉，投資者仍會有損失，而且掉期基礎ETF的管理費較高，又有其他隱藏收費，即掉期對手賺取中間的差價，可大可小。

另外，ETF也有不少是槓桿（leveraged）或反向（inverse）ETF。以美股ETF為例，名字中有「3X」字眼便是3倍槓桿，若追蹤的指數升10%，3倍槓桿的ETF就會升30%，而反向ETF就會跌3倍。

反向槓桿 ETF 風險大

ETF的好處是做沽空時，不會像牛熊證一樣可能被殺掉，亦不會被追補倉（call margin）。不過，若不做每日再平衡的話，ETF便會不準確。舉例說，第一日指數100，第二日升20%至120，反向ETF則由100跌至80；到了第三天，指數跌10%至108，反向ETF由80升10%至88。換句話說，指數實際累升8%，但反向ETF 卻跌了12%。所以，反向ETF並不適合所有投資者。

投資者亦要注意，部分掛名是追蹤指數的ETF，其實掛羊頭賣狗肉。有些供應商會自製指數，可以隨意更換指數的成分股，變相是主動型基金；有些更加是黑箱作業，聲稱可以用數學程式設計出跑贏大市的指數。所以買ETF時，不可單看ETF旗下的投資，更要看看追蹤的指數是否具認受性。

3.3 基金類投資 被動勝主動

不少散戶以為長期投資股票都是穩賺回報，但「長期」二字可圈可點，「長期」有時可以超越人的一生壽命。而且「長期」回報可以正，亦可以負，好像奧地利在戰爭時代，股市就錄得長達90年的負回報。

另外，買股票亦即是買公司發展前景，而公司壽命亦有長短，以及倒閉危機，可見長期投資股票是極具危險性的，因此不少散戶為求防範風險，都會買債券作為避風港。

互惠基金未必好　ETF緊貼大市

基本上，最簡單資產配置是持有60%股票，40%債券，並隨著年齡愈長而增持債券比例。然而，股神巴菲特卻是90%買入股票，但我們都不是股神，所以更需要多元化的投資工具包（Toolkit），以做好風險措施。

例如散戶可以買互惠基金（Mutual Funds），交由專業基金

經理管理。表現愈好的互惠基金往往得到愈多資金投進去，舉例富達麥哲倫基金（FMAGX）便曾是全球最大規模的基金，1990年時其資產曾超越1億美元。可是，當基金資產規模愈大，難免變得跟股市同步，甚至令表現落後指數。

要解決互惠基金的不足，25年前市場便出現了ETF，近年ETF發展迅速，全球資產規模已超過3兆美元，其最大優點是散戶可購買世界各地股市指數，但它的限制則是採取被動式管理，以致最強表現最多只能緊貼指數。

對沖基金回報高、風險高

慢慢市場又研發出「聰明啤打」（Smart Beta）策略，於是「策略型指數基金」應運而生，其設計精髓強調是「Alpha」與「Beta」之間尋求回報及波動性的平衡。然而，如果太多人使用的話，「Alpha」就自然消失，「聰明」就不再顯得特別了。

要數追求極大回報的投資策略，就要提到對沖基金（Hedge Funds）。

對沖基金操作手法靈活，長、短倉均可，而且可利用衍生工具幫助投資回報極大化，是不少專業及富裕投資者的心頭好。

究竟基金「主動」還是「被動」好？主動型基金的最大宗旨是企圖「打敗」市場，以賺取最高回報。不過，回顧過去10年，大部分主動型股票基金卻一直未能跑贏市場基準，高額管理費卻是必付的成本，令市場掀起

「收費高但表現不佳」的質疑。

就連巴菲特也曾在巴郡年度大會上，大開金口聲討對沖基金的不是。若看當日股神所顯示的圖表，於2008年至2015年底，標普500指數累積回報為65.7%，而對沖基金Protege Partners挑選的5隻組合型基金（FOF），累積回報率則只有21.9%。

被動性管理勝對沖基金

翻查資料，Hedge Fund Research便有統計指出，2015年環球市場共有979隻對沖基金被清盤，而過去5年期間新開立的對沖基金公司，當中已有逾半數「拜拜」了。事實上，自2008年金融海嘯發生後，對沖基金的投資回報表現一直落後於美股，隨著更多資金出走，很大程度上證明部分投資者不再相信對沖基金的投資策略及能力，因此拋棄它們。

正如巴菲特所言：「華爾街上的人賺錢，大多是源於其銷售能力，而非投資能力。」股神認為，對沖基金的高昂收費原則「2：20」（即2%管理費，外加20%利潤）是不可思議的。向來信奉價值投資的他指出，投資者把錢交給基金經理進行「主動性的過度」投資，卻從不考慮其實「被動性的管理」也有能力幫大家賺取回報，甚至比對沖基金做得更好。

筆者記得，股神在巴郡大會上舉出一個非常值得大家深思的例子，他說：「假設把會場內的投資者各分一半，一半是被動（消極）型的投資者，他們平均地買入全國美股的一半，然後甚麼都不做；另一半則是主動（積極）型的投資者，他們會到處尋找基金公司及基金經理幫忙投資，亦會因應市場狀況作出各種投資變化。」那麼結果將會如何呢？股神續說：「被動型投資者，其投資回報與這幾年美股走勢差不多，而主動型投資者的最好投資回報表現，亦跟這群『甚麼都不做』的投資者接近，但當他們要付出手續費、管理費、表現費之後，其回報則會變成跑輸市場。」

真正高手　利用市場賺錢

其實，股神的真正潛台詞可能是：「真正厲害的投資者，是懂得讓整個市場力量去幫你賺錢，而不是到處尋找投資高手，然後讓他們做一大堆報表報告，再向投資者收取各種名目的費用，最後當股市跌的時候，該基金表現還是不濟，甚至輸給市場。」

無論如何，這些投資工具往往都與環球股市有著連帶關係，因此資產配置設定好後，散戶亦要根據環球市況、各種投資工具的風險變化，繼而進行再平衡策略，把風險儘量降低，以維持回報平穩。

3.4 債券雖雞肋
仍必須持有

除股票外，債券（Bond）亦是傳統資產分配的另一個重要組成資產。筆者認為，最佳的資產配置必須持有債券，以協助投資組合分散風險，以及減低波動性，從而起防禦性作用，因此債券是值得、亦是有需要投資的一種工具。而投資種類及比例則因人而異，但年紀愈大的投資者理應持有更多比例的債券。

不過，美國經濟保持復甦，不少市場人士都估計加息周期將穩定重啟。提到利率，與其關係密切的投資產品就正正是債券。本來在一個加息周期中，債券是「雞肋」，因為當息率上升，債價就會下跌。不過，當加息步伐緩慢，而票面息率能大於價格下跌的幅度，債券則仍然是一個減少波動性的重要資產。尤其加息步伐難以估計，市場又不乏黑天鵝，若發生甚麼事件，環球股市也沒有一個能獨善其身，只有部分低風險債券才能免受損失。故資產配置中，就算是雞肋，有得吃，總好過沒得吃。

須留意四大風險

投資要知風險，才能知回報。基本上，債券有四大風險：1）信貸／違約風險；2）利率風險；3）年期風險及4）流動性風險。筆者亦不得不提，債券本質是一種「贏粒糖、輸間廠」的投資工具，尤其是高收益類型債券，風險亦相對較高。

1）信貸／違約風險

信貸風險是買債的最大風險，輸就是輸這間「廠」，即是債券的本金。債券發行人（如政府機構、受政府資助之企業、一般企業）未能如期派發利息或償還本金時，即代表信貸／違約風險增加。對此，國際性獨立評級機構如穆迪（Moody's）、標準普爾（Standard & Poor's）及惠譽（Fitch Group），都會對於發行債券的公司和政府作出信貸分析，投資者可透過參考這些信貸評級，作為債券品質優劣的指標。

當然，信貸評級愈高，代表該發債機構的償還能力亦愈高，即債券的信貸／違約風險愈低。不同評級機構會按照各自評級系統，為債券作出評級，評級由AAA（最高質素）至D（已違約）不等；AAA、AA、A及BBB被視為（可投資級別）投資級別，BBB以下評級則被視為非投資級別。當然，評級公司也非萬能，很多市場人士都詬病評級公司降級的反應過慢，又或者評級是否能真實反映隱藏的風險，尤其是結構債。

2）利率風險

債券價格會因為利率政策而變動：利率升，債券價格跌；利率跌，債券價格升。舉例，投資者持有票面利率（Coupon rate）為3%的債券，但持有期間的孳息率（Yield）由3%升至5%，令本身持有債券票面息率的3%與市場現有的5%互相比較下吸引力較低，唯有降價求售，意味著你的債券價格下跌，債券基金價格有可能錄得虧損。

簡單而言，由於票面利率屬固定不變，當市場利率上升時，你持有債券的購買能力就會下跌。孳息率的改變，可以分為兩個部分，沒有風險的息率部分（Risk free rate）通常是指國債的息率，然後，高於國債的息率的部分，就是「債券利差」（Spreads）；兩部分其中一個改變，都可以影響到孳息率和債價。如近幾個月，國債息率下降，但企業債券（尤其是「垃圾債」）利差颷升，於是整體的孳息率都是上漲，而企業債價下跌。

3）年期風險

債券年期愈長，投資風險及利差亦會愈大，因為年期較長的債券價格，會較年期較短的債券更容易受到利率變化等因素影響。幣值在不同經濟時間點會有不同價值。舉例，你持有兩張債券，票面利率同為3%，票面價值同為1,000元，派息亦相同，唯獨兩張債券的年期有別，各為3年和20年，當債息上升或下降時，年期長的波動性較大。因此，如果投資者認為人民幣息率會繼續下跌，買較長年期的債券就更能拿到價格上升的回報。

4) 流動性風險

債券市場總體比股票市場為大，但不少機構投資者（尤其是退休基金）都是在一手市場買入債券，持至到期日，以賺取利息回報，以致部分債券在二手市場的流通量較低。而且，就算同一間企業發行的債券，其批次亦會因年期和票面息率不同而不能互換（和股票不同，同一間企業發行的股票，無論甚麼時期發的，基本上都一樣），令交易不夠熱絡，這都可反映在債券買賣差價之上。對此，政府發行的債券，其流通性會較企業發行的債券為高。

一手市場買 iBond 才穩賺

另外，不少投資者都會把傳統債券與通脹掛鈎債券（iBond）混為一談，然而iBond實質上就是經政府發行以協助市民對抗通脹的一項政策。筆者會說它是「政府送給市民的免費午餐」，雖然不少人覺得買iBond屬於穩賺投資，但前提是投資者必須在一手市場買入債券，才有穩賺回報可言；如果你是在二手市場買入的話，除非未來的現實通脹大於市場預期，否則隨時虧損或賺不到普通債的回報。

人幣國債 ETF 可取

本港投資者向來熱衷具有「中國概念」的投資產品，人民幣國債便是其中一種。自2009年開始，中國財政部於本港發行零售國債，認購反應於初期可謂熱力無限，惟近年受人民幣滙價波動影響，人民幣國債的票面息率平均維持3厘左右，仍然有一班固定捧場客。

筆者認為，任何投資產品都涉及風險，而當我們談及國債時，多數人會聯想起美國國債，以及三大國際信貸評級機構：穆迪、惠譽、標準普爾，透過參考它們給予國債的信用評級，以衡量債券的投資風險高低。

穆迪早前把中國政府發行的債券評級展望由「穩定」降至「負面」，原因是中國的財政狀況弱化，資本持續外流導致外滙儲備減少，估計未來內地經濟增長將放緩，以及人口紅利優勢正在消減等負面因素。

風險仍低　惟較高息

不過，穆迪的降級舉動，對中國國債可能只是影響輕微。筆者認為，中國經濟放緩是不爭事實，但對於在本港發行的人民幣國債而言，它相對於市場上其他投資產品，風險仍然較低，亦是一般投資者可以接受的。

對於一些追求穩定回報的投資者，以及退休人士而言，筆者覺得人民幣債券仍有一定程度的投資價值，與人民幣定存比較，它亦算是較為高息的低風險產品。當然，有時候人民幣定存的利息可以超高，在非常時期，有試過一年期的大額定存利率去到5至6厘。不過，始終一般的人民幣定存，最長只有一年左右，息率也和國內的利率日漸緊貼。

過往本港可供認購的人民幣國債均屬2至3年的短期國債，從現階段環境來看，未來中國仍存在減息空間，因此購買5至10年期的人民幣國債則較具優勢，可以持續受惠內地減息周期，若息率持續下跌，將可帶動國債價格升值和投資吸引力，所以購買國債之年期是愈長愈好。不過，在離岸市場裡，要買到長年期的人民幣國債並不容易，因為供應少而流動量低；有興趣的投資者，可以考慮買追蹤中長期人民幣國債的ETF。

若於資產配置角度出發，持有長年期（如10年期以上）的人民幣債券，則有助投資組合的多元及分散，亦能對冲股票所帶來的波動性風險。相反，如果是企業債券，因為與股票相關性較大，投資風險會較高。

3.5 「高息」及 「一籃子」債券的陷阱

在這個充滿未知數的環境中，加上全球仍處於低息環境，坊間往往會有多些「高收益」（High Income）的投資產品，一般以「財息兼收」（有資本增值，也有利息收入）和「穩定性」為招徠，廣受為退休理財的投資者歡迎。打個比喻，可能這些產品會有約5至7%利息，而且每個月穩定派息；驟眼看來，5至7%不是很高的回報，於是投資者也覺得放心，希望能「穩穩陣陣」地收息。

不過，投資者往往就忽略了在接近零息的環境下（就算30年的美國國債也只有兩厘多的回報），「穩定」的5至7%其實已經是非常高。世上沒有免費午餐，這些高收益產品往往會帶來高風險，其實，高息等於高風險。

「高收益」債即「垃圾債」

其中一個「高收益」產品是一籃子「高收益」債（High Income Bonds，或High Yield Bonds），這是市場較常

見的說法，另外的叫法是「非投資級別」債（Non-Investment Grade Bonds），或是「投機級別」債（Speculative Grade Bonds，是評級公司對這些債的稱呼），另一種更普遍的叫法是「垃圾債」（Junk Bonds）。雖然叫法不一，基本上本質都是一樣，就是高風險高回報的債券。

另外一個例子是用一籃子的「可投資級別」的企業債（Investment Grade Bonds），再配以類似股票「孖展」的槓桿，大概可以把只有2至3%的企業債孳息率提升到5至7%。表面上來看，這些企業債違約率並不高，現時的企業資產負債表也算健康，只要「揸到尾」，短暫的債券價格波動應該影響不大。

一籃子債券易被「砍倉」

不過，筆者有兩個擔心：

1）這類交易所賺取的額外回報，是以價格波動性作為代價（即是波動溢價 Volatility premium），絕對不適合希望較平穩的退休一族。美國利率大趨勢只會向上，債券價格下跌的機會不低；而且在任何的經濟危機中，「可投資級別」的企業債價格的波動性，其實並不低。一籃子債券價格只要跌穿某個價位，便要補「孖展」，通常這時又往往是外圍環境很差、整體流通性下跌之時；如果沒有足夠的流動性，被「砍倉」，就永無翻身之日。對於追求穩定的投資者來說，在最好時的時候（現在），變相收取一個不高的 Volatility premium，卻承受著經濟周期所帶來的流動性風險，筆者認為完全不符邏輯。

2）把一籃子的債券槓桿化，其實債券愈分散，投資者的風險愈大。這非一時三刻能解釋清楚，但可以想像一下，債券就是地雷，地雷愈分散，踩中的機會愈大。為了提高產品回報，這一籃子債券就可能包括了最高風險的「可投資級別」債券。在槓桿化的產品中，肯定以「尾端風險」（Tail risks）最值得留意，而非平均風險回報，問題是，投資者是否又能對一籃子中所有的債券風險都瞭如指掌呢？

在低息環境中，設定一個回報目標，例如 5 至 7%，然後去「追尋回報」（Reach for yield），其實是最危險的投資方法，亦是每次金融危機中，蒙受最大損失的一群。在低息中找尋高息，然後告訴自己其實不算貪心，只求高一、兩厘息的回報，其實是無視現實，高息就是高風險。

知道高風險，會控制注碼，但自以為可以低風險高回報可以兼得，就可能輸身家。

投資者的回報目標，通常都是在息口環境較高的時候定下來，又或者瞄定以前高息環境來作假設；到了現時息口低的日子，投資者要找到符合回報目標的機會減少，面前只有兩條路：一是接受投資回報可能低於目標；二就是追尋回報。

當大部分主流資產的價值已經被炒高，又或者息口孳息率極低，要拿到更高的回報（例如符合回報目標），投資者便可能會找一些更冷門（例如樓市高峰時期的車位）、平常少人留意到投資項目、更複雜的結構產

品，或更有故事性的投資機會（例如賣長遠憧憬的能源和科技行業）。換句話說，投資者會被迫找一些平常不會碰到的投資項目。

這個追尋回報的舉動，不單在散戶中常見，對不少機構投資者來說也很普遍，歷史上常見的例子包括退休基金、保險公司等。他們共同的地方，就是有未來的負債，需要用資產達到回報目標，才能有條件兌付。

追尋回報的問題是，投資者選擇這些較高風險的投資時，正正是他們回報最低的時候（雖然比其他投資更接近回報目標）；而且，投資者承受額外風險的回報（Incremental risks versus incremental returns）也是最少的時候。最有趣的是，這些投資，可能是同一批投資者在息口環境較高的時候，選擇敬而遠之的，卻正正在最不該買的時候，大手入市。

在投資領域中，筆者認為最危險的，不是一些高風險高回報的產品；通常使投資者輸身家的，往往是表面上平穩（尤其是好市的時候）、但卻暗藏殺機的產品，當市況逆轉時，便原形畢露。

高風險高回報的資產如股票，一般人都知道要控制注碼，減少「孖展」；相反，表面平穩的投資產品，在好市時，卻會誘人「瞓身」購買，才最值得留意。

買房託代替買樓？

坊間投資傳言多不勝數，有一種是：「買不起樓，就買房地產信託基金（REITs）當作代替品。」事實上，它們屬於兩種不同性質的投資行為，買樓與買REITs真的存在互補作用嗎？

買樓等於買磚頭，有一定保值性，不同物業地段有不同價格，但勝在投資者可以按經濟能力選擇，而且直接擁有物業管理權，回報主要是賺取樓價升幅。

REITs 槓桿較低　惟控制度低

REITs則被喻為紙磚頭，屬於另類投資工具，主要投資於收租物業的上市基金，最大優點是資產多元化，現金流量主要來自租金收入、管理維持費用及承租率等，而且每年幾乎可把物業約九成的淨收益，通過股息派發股東，能夠為投資者提供穩定收益。

REITs的獲利來源除了高現金股息外，亦有來自價格成長的資本增值，算是典型的完全收益（total return）產品。

當然，買樓或買REITs都是投資樓市的方法，兩者成本看似有所高低，但其實都涉及槓桿，前者直接向銀行借貸，後者則以公司名義借貸，但受制於現時條例所限，REITs的槓桿會比較低。

一般而言，REITs可分為股權、按揭以及混合三類，但本港的REITs都屬於第一類，它們有些投資商業大廈及寫字樓，有些投資大型商場及購物中心，有些投資酒店及服務式公寓，由於投資的資產不同，回報及風險都會有所分別。

領展表現難複製　須留意 REITs 資產質素

很多投資者看到領展（823）過去幾年股價表現亮麗，就以為所有REITs皆能做到盈利不斷有明顯的升幅，其實就有頗大的誤解。

畢竟，領展有其歷史因素，當年用低價（起碼回望當時）拿到很多民生商場、街市、停車場及辦公室等，透過不斷收購及翻新轉型項目，改善物業組合內的物業結構、間隔及設施，提高租金收入（當然也會帶來民生的影響）。

例如樂富廣場便是成功個案，廣場翻新後，商舖由原來的110多間增至200間，不止吸引更多人流，亦能幫助提升出租率及租金。

但本港其他的REITs，基本上都由地產發展商擁有及管理，當中牽涉太多利益衝突，投資者很難監管管理層以好價格抑或壞價格納入新資產，以及新資產的質素優劣，這不止令投資風險增加，亦有可能令整個總資產回報率（ROA）出現偏差，最後使股東拿不到預期的回報。

因此，投資REITs的主要考慮因素不單只是環球經濟氣候，或者樓市狀況，而是關注REITs旗下的物業地點、類別、出租率、核心收入，以及潛在利益衝突等，尤其要分析其未來10年至20年資產項目的潛在議價能力是否可以維持一定升幅。

須知道，不同類別的物業，不同物業的地點，都會影響人流多寡，對於
經濟環境變化的敏感程度亦有分別。

自住物業　不應算入資產配置

買REITs並不能夠取代買樓，兩者的投資性質及風險各有不同：紙磚頭
的槓桿較低，資產風險較為分散，投資者入場門檻較低，但同時控制性
較少；相對來說，實磚頭一般能做到槓桿較高（回報風險也較高），資
產較集中單一，投資者入場門檻較高，但相對來說，對物業控制較大，
遇到的利益衝突較少。

至於一般香港人的所有資產，往往就是自住的一層物業，在資產配置上又應該如何處理呢？筆者認為，自住物業的價值，不應算盡在個人的資產配置裡面，因為自住的物業，其實就等於先付一生的租金，對沖一生租金上升的風險而已，所以，筆者只會建議把自住以外的物業，放進資產配置以內。

另外，如果把未償還的房貸當作負債，對不少人來說，可能比所餘的非物業資產還要多。在這個情況下，筆者認為比較合理的做法，是假定未來的收入能抵消房貸，而未償還的房貸和自住的物業，都不放進資產配置裡處理。

分析

香港土地問題的三重困境

由於房地產是不少本港投資者的主要資產，故本地的樓市問題值得筆者再詳談一下。

香港的住屋問題，既是一個供求失衡的問題，也是一個在全球周期性貨幣泡沫中扭曲而成的一個巨型社會問題。雖然土地發展，無論是勾地或是拍賣，都是市場機制，即價高者得，不過，計算需要多少土地，卻並非市場行為，而是政府推斷未來市民的需要，然後根據這些推斷，推出土地做建屋的原材料。這是一個計劃經濟，而非市場經濟。

新地變熟地過程繁複

而時至今日，土地問題已經比「土地計劃經濟」嚴重得多，累計多年的推地不夠規劃失誤，使香港陷入三重困境，即是：政府能用的土地儲備低，大量造新地幾乎沒有可能，新地變熟地的過程漫長，和普遍市民不相信政府沒有能力造地的事實。

根據政府2012年的文件，政府土地儲備只有391公頃（包括沒有過城規會的），比發展商手中儲備更少（包括發展商還沒轉用途和補地價的農地）；而到目前為止，沒有聽到政府有消息，能開發新地作為土地儲備。391公頃，有說是相當於15個太古城，用另一個角度想，當年回歸之前，由於限了每年賣地50公頃，供不應求，導致樓價大升，即每年賣50公頃不算多。如果是這樣，政府土地儲備在2020年便用完，新地何來呢？

另外，新地變熟地的過程漫長，和十年多前的八萬五相比，現時的城規會和相關的手續，變得更複雜和細緻。過去幾年，無論是施工量或是落成和銷售量，都仍然遠低於政府自己所定的目標。

市民不信政府沒有地

歸根究柢，本港房屋問題源於深層次矛盾，新土地供應不足、舊樓重建、開發郊野公園土地或移山填海又遇上不同方面的阻力。找不到新地，變不到熟地，其中的一個關鍵問題，是很多市民根本不相信政府沒有地。

這一方面反映了市民對政府的不信任，也凸顯了政府的兩難：如果標榜政府不夠土地，只會使市民更加恐慌性入市，推高樓價；但是如果政府大派定心丸，告訴市民未來供應無限，只會使找新地和造新地時的難度增加，因為市民會認為政府一方面說夠地，一方面又要大塊大塊地造新地。造新地必然會影響某部分人，如果社會沒有造地必要的共識，在政治上的推動便更難了。

聯滙因素　貨幣增幅遠超經濟

另外，香港受著外圍的影響，由於聯繫滙率的緣故，貨幣和信貸升跌的波幅，相對於整體經濟生產的比例相當高。這幾個情況，可以從幾個方

面看到：一、香港的基礎貨幣，在2008年底開始，短短一年由3,000多億元，猛增至超過10,000多億元，翻了幾番，然後在2012年底和2014年底，分別都再有輕微升幅，到了2015年頭，基礎貨幣已經接近14,000億元；二、香港銀行的總資產由2008年底10.7萬億元，大幅增長到2015年頭的19萬億元，超過80%的增幅，遠遠跑贏了香港GDP和平均工資增長。

香港住屋的困境，有其內部原因，也有外部經濟周期的因素。土地供不應求這個局面，看來會伴隨香港一段不短的時間，要看社會能否認清其中的土地短缺的嚴峻性。不過，信貸和貨幣的周期，和樓市關係密切，當周期逆轉，價格亦可以背道而馳。金融海嘯的威力，就在於其「去槓桿化」的效果，使全球信貸萎縮，創造了所謂的信貸黑洞，使資產貶值。香港房屋土地問題，不一定是價格上升才會出現，筆者的憂慮是，當下次信貸周期逆轉，價格下跌，而土地房屋卻仍然供應不足，基層的生活就可能更艱苦，整體社會的代價可能會更大。

（註：「熟地」即已經規劃作住宅用途的土地，已完成收回、清拆及地盤平整，並附有適當基建設施；「生地」則指未形成建設用地條件的土地。）

分析

本港未來30年　尚缺9,000公頃地

投資香港樓市，免不了留意香港的樓市走勢及房屋政策，對樓價有著非常大的影響。香港地少人多是人皆盡知，故土地資源十分珍貴，也是樓價高企的因素之一。香港急切需要增加土地供應，並不止於滿足市民的住屋需要，商業用地以及社會設施，對土地的需求同樣迫切。有研究顯示，香港未來30年，需要多9,000公頃的新增土地，大致和之前20年所建的相若。9,000公頃有多大？將軍澳和沙田（包括馬鞍山）都是大約3,000至4,000公頃左右。不過，過去有一段長時間，政府停止發展新土地，2005年至今，無論是新增土地或填海地，比起再之前10年都差不多大跌90%。

新發展區多爭議　如期落成不樂觀

舉個例說，1995至2004年新增的發展土地（包括填海地）約7,800公頃，但2005至2014年則只有1,100公頃，雖然1995至2014年的20年，有合共8,900公頃，但絕大部分都是在前10年所得。另一個例子，1985至1994年這10年間，填海地合共1,164公頃；1995年至2004的10年，也差不多是1,127公頃；但到了2005年至2013這年間，卻只有不足100公頃。

現時社會的關注點，似乎忽略了大型土地開發的重要性，即下一個9,000公頃如何得來。所謂的新發展區如洪水橋，都只佔地714公頃，其中一半是綠化地帶，而這714公頃有一部分是棕地，面積比現在爭論不休的橫州（不夠40公頃）大很多。筆者對洪水橋、元朗南（216公頃）等的發展能否預期在10年內完成，並不樂觀。

增加土地供應　須多管齊下

在這個急切要追落後、改善民生的情況下，增加土地供應必須多管齊下，包括在改劃土地用途、發展棕地、開發新市鎮，以及在維港以外選址填海等。沒有一個渠道和方案是快捷簡單的，在公平公正公開、合情合理的原則下，筆者期望社會能盡快找到大幅土地加以開發使用。回想這幾十年來，香港的發展，無論是觀塘、荃灣、葵涌、沙田、大埔、屯門、將軍澳、東涌，哪一個不是透過移山填海而成？香港已發展的土地，只佔香港總體面積的24%，而已發展的土地當中，有26%（約7,000公頃）是從填海而來；在這7,000公頃填海地上，住了27%的人口，也滿足了70%的寫字樓需求。

筆者期望，社會能在平衡各方考慮之時，繼續適當發展新的土地，讓香港能可持續發展，成為一個宜居和安居樂業的福地。

分析

公屋供不應求　輪候愈排愈長

現實困境，問題在於政府手上的「麵粉」（土地供應）有限，一個餅不夠大，自然不夠市民分食。現時政府已經把機構社區用地拿出來用，但這些土地面積比例有限，地理位置上令建屋出現技術上的挑戰。而興建公屋有一定標準，例如有的要有30%綠化範圍，建屋流程亦會不斷被檢視，如獲得土地後須進行規劃設計、地區諮詢、經區議會通過等，前期過程便充斥不少變數。

隨著愈來愈多市民輪候公屋，排隊人數持續上升，上樓所需時間愈益拖長，令不少市民怨聲載道。據房屋署資料，截至2016年3月底，公屋輪候冊中申請者數目為28.48萬，過去4年間升幅超過五成；同期平均輪候時間升至3.9年，已超越政府提出「3年上樓」的目標。不過，其實所謂的「平均輪候時間」，只是計算那些真正能上樓的人的平均輪候時間，確實等待上樓時間則要視乎你排哪一條隊伍。

上樓時間難準確計算

近年有不少年輕人輪候公屋，但實際上公屋輪候冊是讓一般申請者（即低收入家庭和單身長者）申請，因此逾九成公屋會分配予他們。而配額計分制名冊才是提供非長者的一人申請，但由於各個家庭及申請者的背景及需要都不一樣，牽涉複雜的計分制。現時兩個輪候冊都有14萬個

申請者，若要百分百準確計算他們的等候時間大有難度。舉例，2015年房屋署便直接幫助45歲以上申請者一次過額外加60分，此舉也變相令年輕申請者的排隊時間拉長。

房屋需求只會有增無減，但土地供應仍處於低水平，政府亦因長期欠缺大型土地發展項目，今日要力追的難度仍然甚高，社會整體要汲取教訓，應努力建立土地儲備，否則，就可能重蹈「地到用時方恨少」的覆轍。

分析

樓市供應恐現斷層

先旨聲明,本文探討私樓的基本供求問題,和樓價不一定有即時的關係;打個比喻,一間企業就算有非常好的基本因素,如盈利增長等,都不一定等於其股價不會下跌,甚至猛跌,因為所有人都知道,除了基本因素外,股價也極受其他因素影響,例如資金流、市場情緒、經濟周期等。同樣地,單從基本的供求關係,樓市有其有利的基本因素,但不等於樓價永遠不跌;不過,基本因素好但價格下跌,相對於基本因素差而價格下跌,投資的結論是完全不同的。

每年 1.9 萬伙基本盤都不達標

言歸正傳，根據政府的推算，未來 10 年，每年私樓的需求大約是 1.9 萬間；這些需求推算，包括了每年結婚、離婚、移民、出生和死亡率等。不過，就算達到了 1.9 萬伙，卻仍然不足以追落後，使多年來供不應求的額外等候需求消化掉。換句話說，1.9 萬伙是基本盤，要遠超這個數，才能追上多年累積的需求差額。

可悲的是，政府經過近幾年的努力，甚至被稱為「盲搶地」後，這幾年的私樓落成量，都仍然低於 1.9 萬伙這個基本盤，例如 2012 和 2013 年的落成量都低於 1 萬間，而 2014 年則有約 1.5 萬伙，2015 年又稍為回落至 1.13 萬伙。2014 年情況稍為改善，主因是受惠港鐵（066）上蓋物業，不過，港鐵物業已經落成得七七八八，難以長久支撐供應，而且現時單位面積愈來愈小，但整體供應的單位卻仍然不夠數，可知土地供應的短缺有多嚴峻。

私人樓宇實際供應與政府目標和預測持續出現落差。筆者對於政府公布的住宅潛在供應量 9.4 萬伙，即平均每年 2.35 萬伙，能否在未來三至四年落成及推出市場，並不樂觀。

其一，運房局剛公布 2016 年全年私樓落成量為 1.46 萬伙，無疑較 2015 年落成的 1.12 萬多伙，多出近三成。不過，對比政府長遠房屋策略督導委員會公布未來 10 年要有 46 萬個房屋供應，當中 18 萬為私營房屋，即平均每年 1.8 萬伙，2016 年的供應量仍較目標少近兩成。而過去 3 年的累積落差，達 1.2 萬多伙。

其二，2016年的1.46萬伙，與差餉物業估價署原先預測該年的1.82萬伙，相差兩成。

其三，潛在供應量並不等於落成量，這9.4萬伙有可能會因為施工而延遲落成。尤其是當中有2.4萬伙仍未動工，難以掌握其落成及推出市場的時間。

「最好」情況仍令人擔憂

房屋供應短缺，不單是私人樓宇，公屋供應所面對的挑戰同樣巨大。政府早前公布未來5年的公屋落成量亦將較目標落差三成，而即使所有覓得的土地能如期順利推出，亦只能提供23.6萬個公營房屋單位，與十年供應目標落差近4.4萬個單位，這卻已經是「最好」的情況，實際境況可能更差；因此，公屋輪候冊數字及輪候時間亦只會繼續上升。

由此可見香港短中長期的土地房屋供應仍然令人擔憂，有需要多管齊下加大力度，包括透過大規模填海、加速發展棕地等造地建屋。

中期供應量更危

不過，筆者最擔心的，不是未來3至5年的供應量（短期），而是5至10年（中期）之後的供應量可能會更低，甚至出現樓市供應斷層。未來幾年的落成量，可以從現時的施工量看到，而未來幾年的施工量，就可以從過去幾年的賣地量看到；因為，隨著未來港鐵物業供應無幾，而私人

改用途申請幾乎停頓，未來落成和施工，都要靠賣地表中所賣出的熟地（或可快速改劃的「生地」）。由於之前10年造「新地」幾乎停止，政府所剩的儲備不多，能放進賣地表的都已經放進去，甚至不能放進去的都「勉強」放進去（包括那些還未改劃用途的，或未好好作整體規劃的政府用地和綠化地帶，引來城規會中不少爭議和司法覆核）；可以預期，當賣地表中的存貨在未來幾年內耗盡後，就要靠中期的新造土地，如洪水橋新區等。如果這些新發展區稍有延遲，中期供應斷層隨時出現，到時候發展商手上的農地或更奇貨可居，和政府的補地價談判也更有優勢。

本港樓宇供應

	2011	2012	2013	2014	2015	2016	總共
屋宇署實際落成量	9,449	10,149	8,254	15,719	11,280	14,600	69,451
差餉物業估價署預測落成量	10,670	11,890	13,550	17,610	13,290	18,200	
預測誤差	11%	15%	39%	11%	15%	20%	
每年平均私人住宅單位供應目標*	18,000	18,000	18,000	18,000	18,000	18,000	108,000
實際落成量對比供應目標的落差	8,551	7,851	9,746	2,281	6,720	3,400	38,549

* 跟據《長遠房屋策略》2016 年周年進度報告的十年供應目標

分析

2030+ 規劃　拓地太少太慢

政府早前公布「香港2030+：跨越2030年的規劃遠景與策略」（下稱「2030+」）的公眾參與，筆者就認為這個長遠的規劃討論非常重要。

不過，面對當前嚴峻的土地供應短缺環境，筆者認為整個規劃和策略卻是 too little too late（做到太慢太少）。

「宜居度」欠計算人均居住面積

2030+的其中一個重點，是提升「宜居度」，例如人均GIC（政府、機構及社區用地）和人均休憩用地等，本來是好事；不過，「宜居度」最重要的，肯定是人均的居住面積，卻基本上完全沒有著墨。

香港人均的居住面積不到200呎，差不多是全球所有先進城市最少，也比周邊的地區少；例如，新加坡的人均居住面積就大差不多一倍。根據現時政府的估算，就算把所有的規劃落實（包括東大嶼都會和新界北這兩個所謂的策略發展區），都只有10%的額外緩衝區，對改善香港人均的居住環境，只是杯水車薪。現時坊間常討論的住房問題，如合法和非法劏房、公屋輪候時間愈來愈長等等，都是需要大幅增加土地供應才能解決。

關鍵是政府對長遠造地的決心，似乎相比過去幾十年香港的發展軌迹，有所不夠。就算把2030+的所有規劃落實，也只能提供額外5,000多公頃的新發展土地；不要忘記，這個是一個起碼20至30年，甚至更長遠的規劃。相對來說，1995至2004年，香港新增的發展土地（包括填海地）就已經有約7,800公頃。

香港現時所面對的土地困境，就正正是因為過去有一段長時間，停建新土地，比如2005年至今，無論是新增土地或填海地，比起再之前的10年都差不多大跌90%。5,000公頃有多大，沙田（包括馬鞍山）都是大約3,000至4,000公頃左右，花多幾十年，只是希望造多一個沙田多點點的地，在追落後的情況下，實在不夠進取。

新加坡填海計劃更有目光

要有更大的造地目標，就必需要更積極在維港以外找大片填海的地方（除了現時2030+中提到的東大嶼都會和其他幾幅零散的小地方）。正如上文所說，1985至1994年這10年，填海地合共1,164公頃；1995至2004的10年是1,127公頃；但到了2005至2013這年間，卻只有不足100公頃；2030+所建議的是幾十年後，只有不到1,000公頃的新增填海地，實在是不夠長遠的目光。相對來說，新加坡現時有約20%的整體面積是填海得來（相對於香港的6%），而且新加坡已有計劃，未來把整體填海的面積再翻一番。

無可否認，現時資助房屋的供應可以說仍然是嚴峻的，根據政府自己的預算，未來5年資助房屋的供應比目標還少三成，而5至10年這個中期的資助房屋供應的不確定性就更大。

為何東京樓價沒有爆升？

除香港以外，環顧許多發達國家或城市，房屋都是重大的經濟及社會問題。筆者發現，美國三藩市等大城市租金正急劇上升，昂貴租金令不少市民承擔著無比壓力。更有數據指出，過去20年三藩市樓價上升231%，倫敦更升441%，但東京僅增長45%，為何同樣是人口密集的大城市，東京樓價卻沒有暴升呢？

據筆者所知，2015年三藩市灣區（Bay area）有64,000個新增職位，但新房數量卻不足5,000個，明顯供不應求是扯高樓價的主因。而核心問題就出在這裡，美國大多數主要城市對於土地用途及建屋數量都有嚴

格控制，亦經常發生一般社區居民的「不在我的後院」（NIMBY，Not in my back yard）反對態度，甚至會有訴訟、政黨於地方選舉失去選票等情況發生。這些負面因素都會令房屋發展計劃受阻，可見美國難以大規模增加房屋數量，面對需求龐大但供應不足，地價和樓價當然會不受控地上升。

房策、規劃由國家主導

然而，日本的房屋政策卻是從國家層面制定及執行，話說80年代的樓市泡沫奠定東京中心市區的未來建房基礎，再加上90年代日本地產商

的不良貸款拖累不少金融機構瀕臨破產，促使政府對樓市開發政策逐漸放寬，並於2002年推出《城市復興法》，由法律賦予政府由上而下地落實房屋政策及城市規劃的權力。當地方政府都沒有發言權，又何來居民反對聲音呢？亦因為這些背景因素，才導致今天東京樓市沒有發生像美國樓市一樣的問題。

筆者以東京的港區（Minato-ku）為例，過去20年間的居民由145,000人增至241,000人，但是樓價卻沒有因需求上升而急升，增幅更是遠低於三藩市的樓價。另外，2014年東京共簽發142,417套新住房單位的許可證，然而美國加州的人口比東京多達三倍，卻只獲簽發83,657個許可證，這些數據足以證明，為何美國不少主要城市的樓價有升無跌。

土地供應、建屋條例　主宰住宅供應

樓價升跌，可以籠統分成兩大因素：資金市場因素和基本因素。用股票做個比喻，資金市場因素可以使縱使有好基本因素的股票，在股災中也不能獨善其身而大跌；不過，基本因素卻是支撐長遠股價的重要因素。對樓價來說，基本因素就是基本的供求關係。

而房屋供應又有兩個因素主宰，一個是土地供應，另一個就是建屋的條例寬鬆與否。自從改例之後，日本重建和發展房子的速度大幅提高，供應自然大增，再加上人口老化甚至開始萎縮，令日本樓價在不斷印銀紙之下，仍然保持平穩。

分析

德國現象　對香港房策的啟示

德國的樓市，也對香港樓市有不少啟示。很多時候，德國會被認為是一個住屋天堂，「置業」比例低（只有40％左右，為歐美最低的水平）、租住的比例高，更重要的是租金和樓價升幅不大，維持相對平穩的狀態。不少論者都著眼德國的租務安排，要求較多的政府管制，認為這就是租金升幅溫和的秘密良方；也有人認為這是德國人獨有的文化，而只有德國人想通了住房是「安居」而非「投資」。有說，談房屋政策，必先要討論「安居」或是「置業」，認為「安居」不一定要「置業」，德國就是很好的例子云云。於是，根據這個推論，只要政府大規模興建多點租住的公屋，使再多的人住在租住的公屋裡，就「一天光晒」。

先不說公屋本身是一個龐大的福利開支，要支撐現有的體制，已有一定的難度，從德國的例子引申到加大居住公屋的比例，更是引喻失義，因為德國的租住單位，是以私營為主。不過，這個德國現象，有其值得探討的地方。試想想，如果收租要極多的限制，樓價升幅也不多，從資金回報的角度，資金進入發展樓房就會減少，長遠減低需求，使租金樓價回升到均衡點。為甚麼德國可以一方面發展樓房的回報低，一方面又可以供大於求呢？答案肯定不單單是租務管制，尤其是德國的房地產市場是以私人市場為主導。

樓價升不起　投資需求自然減

筆者認為，要探討這個問題，必須要從發展成本和土地供應入手。發展成本，和政府發展及規劃條例息息相關，例如英國的條例就較德國繁複，而德國的相關條例，更以地方政策為依歸。地方政策較鼓勵發展，就可以減低發展的成本。相反，無論是英國或是香港，相關的條例只會愈來愈嚴謹，雖然更顧及社會其他不同的範疇，但供應就無可避免地減少。除了規劃條例寬鬆、發展成本較低，土地供應也較多，尤其是東西德合併後，在柏林等地，土地供應出現供大於求，使租金和地價一直跑輸世界其他各地。

當土地房屋供應大，租金和樓價自然難以上升，樓價不上升，買樓的意欲就會減低。事實上，房屋既是必需品，也是一項重要投資，故有一個說法：當樓價上升，就愈多人買樓，怕上不了車；相反，當樓價下跌，卻沒有人問津，樓房需求縱使不變，卻沒有人願吃眼前虧，紛紛持觀望態度。價升追入，價跌反不買，既是人性投資的盲點，也解釋了為甚麼德國的樓價愈平就愈沒有人買。

從德國現象的教訓，要使租金樓價升幅放緩，必先要減低規劃限制，也要增加土地供應。

3.7　Is Cash Always King？

資產分配是設定一個投資目標，然後再按個人財產分配在不同種類的資產上，例如股票、債券、房地產及現金等。然而，市場亦有不少人信奉「Cash is King」（現金為王）的投資教條，其實是暗示了百分百持有現金的概念。

為甚麼現金可以稱王？現金的本質又是甚麼呢？簡單而言，現金可以被理解為央行票據，屬於由中央銀行發行的一種可買賣的「IOU」（I Owe You）借據，其價值受到國家信用的擔保，因此可以用於交易，任何人只要拿著票據就可以換取同等價值的資產。

百分百持現金　購買力或降

以美元為例，1944年7月《布雷頓森林協定》通過，規定美元與黃金掛鈎，並實行固定滙率制，即美元成為黃金等價物（當時一安士黃金價格可兌換35美元）、國際清算貨幣、各

國主要儲備貨幣；直至1971年美元危機爆發，為保護美國黃金之儲備，終在1973年3月終止美元與黃金掛鉤。

筆者認為，現金固然是資產配置裡面的重要一環，但若然百分百持有現金，則資產會過分集中和單一，以致資產配置無法做到多元化，以及風險分散之功能。須知道，時間是不確定的產物，即使你手持100%現金是正確的投資選擇，但現金是貨幣，當它在變化的時間過程中，追不上其他資產價格的升值，這就意味著現金的價值以及你的購買力都在下降。因此，Cash is King並非時時刻刻都可應用於市場上。

具體並處於現實環境而言，環顧現時各國的經濟狀況，筆者可以這樣說：市場和投資者看得見的都是「表面上的經濟問題」，但不要忽略當中仍有我們看不見的「表面下的經濟危機」。現時全球各國政府離不開兩種方法：「印錢」（即QE，量化寬鬆）及「借錢」（即舉債），以帶動經濟活動，從而製造經濟表面上的復甦及美好。然而，眾所周知這兩種救市方法都是治標不治本，掩飾問題並不等於解決問題，因此我們不能預測猶如冰山之下的暗湧後遺症將何時爆發？今年？明年？

持 5% 至 15% 現金　靈活調動撈底

在這個動盪的年代，現金太多或太少都有問題。事實上，持有一定比例的現金絕對是正確的資產配置，但持有多少比例則因人而異，一般而言是 5% 至 15%。

對此，美國股神巴菲特曾經說過：「絕不會讓現金資產低於 200 億美元。」從近期一份年報看到，巴郡 5,200 多億美元的總資產裡，就有超過 600 億美元的現金。他強調現金要有 Inflow（流入）及 Outflow（流出），才是健康的資金池。就巴菲特的立場而言，手上擁有充足的現金是為了在市場出現逆轉時，有能力以較低成本買入高價值及高增值的資產，這才是理智的專業投資者。

須知道，當股市大跌的時候，擁有財富成本而且勇敢投身市場買貨的人非常之少；如果投資者於熊市環境下，擁有足夠的現金儲備及舉債能力，則至少有資金可以靈活調動，從而在市場上捕捉珍貴的「撈底」機會。

持少量黃金
亂世當保險

良好的資產配置能夠對冲市場上必要或不必要的風險。對此，不少投資者都問，那麼購買黃金及黃金ETF是否可以做到對冲風險？

常言道，黃金屬於戰亂之財，當環球面臨戰亂，經濟大崩潰，以致通脹急升，人們對貨幣失去信心時，黃金便會成為最值錢及最保值的資產。可是，股神巴菲特卻從來不購買黃金，因為他說：「黃金是永遠不會創造任何東西的資產。」投資會生財，買股票會有股息收取，買農地會有農作物收成，但是買黃金卻不會生出「金仔」，所以這種接火棒投資行為是不智的。

另一位傳奇人物，著名對冲基金經理達利奧卻與巴菲特持相反意見。他認為，正確的資產配置裡面必須有黃金，理由是黃金可被視為現金的替代品，亦是真正的貨幣及獨立資源，擁有對冲通脹風險的功能。

黃金不可生財　惟可替代現金

投資界兩位殿堂級人物對於黃金各有不同看法，筆者既同意巴菲特的說法，即黃金不是可生財的投資工具；亦認同達利奧的提議，良好的資產配置都要持有適量黃金，作為一個「災難性保險」（Catastrophic Insurance）。

經歷過2008年金融海嘯之後，現時環球投資世界可以用「實則虛，虛則實」來形容其荒誕性，潛在的黑天鵝事件隨時偶發，信貸債務崩潰的後果隨時比你想像中的更加瘋狂。當投資者面對災難性危機時，資產配置更加不可掉以輕心地處理，黃金無疑是一個值得購買的保險。

基本上，當國家的貨幣政策出錯，貨幣不值錢，使人們對它失去信心，以致惡性通脹（這裡非指一般通脹，而是貨幣危機下的現象）出現，在這些情況下，黃金的購買價值及重要性便會浮現。

應持 5% 至 10% 實金　黃金 ETF 不可取

筆者認為，今時今日各國的救市政策都涉及太多人為因素，而且人是會犯錯的動物，要做出正確而有效的救市決定真的要靠「天時、地利、人和」；而且歷史上我們從未有過如此龐大的 QE 計劃，其後遺症有多複雜及負面都是不可預知的。

因此，面對隨時再來的災難性大型危機，資產配置組合便需要「保險品」，投資者可以持有 5% 至 10% 的黃金資產，最好是購買金條或者金幣（例如加拿大楓葉金幣、美國鷹揚及澳洲鴻運金幣），因為差價較少，流通量較高，方便賣出。其他黃金概念投資工具，例如黃金 ETF、黃金期權、黃金期貨等，這些不多不少涉及結構性產品特性，需要面對的風險會增加，如交易對手風險、差價風險等，就非好的「保險品」。

慎防衍生工具
「Kill You Later」

新聞報道指，有些於內地經營生意的廠家，由於投資人民幣的 Accumulator（累計期權，在金融海嘯爆發後被市場謔稱「I kill you later」），槓桿成分太高，當人民幣出其不意地下跌時，需要不斷的「接貨」，令部分人開始出現周轉問題，最終「輸身家」的可能亦不少。

這種衍生工具除了涉及槓桿，亦牽涉貨幣滙率計價，若投資者不嚴控個人成本及槓桿額度，再加上一些私人銀行免卻富豪客戶（如廠家）事先提供按金，令投資者易於作出大於個人能力範圍的投資，導致最終蒙受意料之外的大額損失。

常涉高槓桿　容易「爆煲」

這亦令筆者想起 2008 年 10 月中信泰富（00267）因投資澳元期權而錄得巨額虧損的事，令其帳面損失高達 155 億元，更拖累當時的主席問責下台，最後要母公司注資收拾殘局。

為甚麼近年人民幣滙率期權易於出事？其中原因是投資者對人民幣滙率存在「易升難跌」的刻板印象，賭人民幣升值猶如是一種共識，以為其下跌風險有限，卻沒料到波動性及下行風險都是隱藏的，只要股價或滙價突然逆行，投資損失可以無限擴大。

當然，在資產管理領域中，不論散戶抑或機構性投資者，平時利用衍生工具以對沖市場風險，都是普遍的投資行為。一般散戶經常接觸的窩輪及牛熊證，屬於場內交易的衍生工具；場外交易的話，則多見是股票掛鈎票據（ELN）和 Accumulator 等。

有對沖作用　但隱藏風險大

其實無論是窩輪、ELN 或 Accumulator，背後都是以期權（Option）為核心，Option 就是買賣認購期權（Call Option）及認沽期權（Put Option）。以 Sell Put Option（賣出認沽期權）為例，基本上賭資產不會跌穿行使價，賺取一個期權金，但潛在風險是在指定日期內，當資產跌於行使價，便需以較高行使價接貨，令散戶即使賺取期權金，也無法抵銷較高行使價的損失。

其實衍生工具的確有對沖風險的優點，但它的波動性及風險爆炸力都是隱藏著的，當某一資產價格（如股價、滙價）長期處於穩定水平，亦會令人失去投資戒心；若投資者不懂得為衍生工具計價，將會承受更多高危風險。說到底，衍生工具的結構複雜，投資者應該充分掌握它們的特點、風險及玩法，並在緊貼大市的情況下進行操作，投資應該是懂得做才去做，這才能避免承受不必要的風險及損失。

（二）

低回報年代
資產分配取勝

資產分配決定了投資回報的高低，在全球現時步入低經濟增長、低企業盈利增長、低通脹、低利率的「四低」時代時，謹守紀律，進行系統性投資就更形重要；減少短線操作出錯的機會，並透過再平衡的逆向投資，才能有機會於這個亂局中反勝。

CHAPTER

04

全球「四低」
逆向投資突圍

4.1 全球「新變態」步入四低時代

全球當今的局面，呈現了「四低」的環境：低經濟增長、低企業盈利增長、低通脹、低利率；這個觀察應該爭論不大。

紐約大學的魯賓尼（Nouriel Roubini）形容這種低經濟增長為 New Abnormal，可以繙譯成為「新變態」，有別於坊間的 New Normal（新常態）說法。這種新變態的獨特之處，就是在於經濟低迷的時間，比一般人預期都長。美國政府的經濟顧問，就為 IMF（國際貨幣基金會）對全球經濟增長歷年的預測，作了一個事後評估，發覺 IMF 每次對下一年的預測，基本上都認為經濟增長會谷底反彈，結果過去 5 年，差不多每次都是經濟增長過於樂觀。

低經濟增長、低盈利增長、低通脹、低利率

至於企業盈利增長，自從金融海嘯後，2009 至 2010 年有強力的反彈，2013 年開始，全球整體的企業盈利增長就開始

出現疲態，不單比金融海嘯前的歷史水平低，更每況愈下，停滯不前，美國就更出現負增長的局面。

與此同時，就算持續已久的極度寬鬆貨幣政策底下，全球通脹和利率仍然尋底。日本和歐洲的核心通脹過去幾年一直低於1%；美國的核心通脹有2%，不過，數據反映了市場對美國中長期的通脹預期，仍然是遠低於2%。

至於利率方面，歐洲幾個央行，不單歐洲央行（ECB），其他國家如丹麥、瑞士、瑞典都相繼實施了負利率政策（**見圖**），而日本也步了他們的後塵；在此情況下，全球有約8萬億美元的已發展國家債券，其孳息率是負數，佔總體的三分一。

全球主要負利率央行

實體經濟追不上資產價格

筆者認為,「四低」中最重要的原因是,全球債務泡沫充斥,而全球央行為了抵抗泡沫爆破,實行非典型的極寬鬆貨幣政策(「非典貨幣政策」),於是造成金融和資產價格上升,但實體經濟追不上,從而令社會經濟兩極化。

當然,以上的「四低」可以說是一個「較好」的情景,因為,萬一有甚麼風吹草動,可以是隨時變成「四負」,那就更麻煩。

回報更低
策劃退休更困難

四低這個新現象有兩個麻煩的結果，就是（1）投資回報預期下降；（2）資產組合的關聯性提高，分散風險的作用減少。

舉個例說，1985至2014年的平均實質（Real）年回報，美股是7.9%，美債是5.0%，但麥肯錫報告**（見圖）**認為未來的20年，美股的平均真實年回報只有4.0至6.5%，而美債就只有0至2.0%。事實上，麥肯錫指出，未來全球相對低利率及低通脹將會持續一段時間，企業投資收益將大幅回落，意味著過去30年的黃金時代逝去，低回報的新時代來臨。

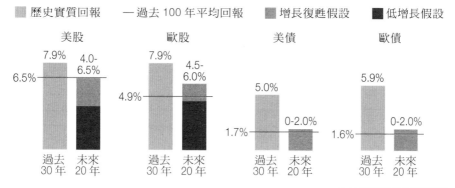

股債回報預期[*]

* 包括利息的實質回報
資料來源：麥肯錫

歷史平均資產回報

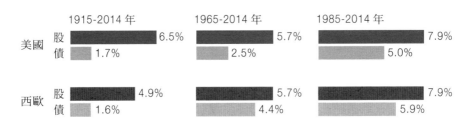

		1915-2014 年	1965-2014 年	1985-2014 年
美國	股	6.5%	5.7%	7.9%
	債	1.7%	2.5%	5.0%
西歐	股	4.9%	5.7%	7.9%
	債	1.6%	4.4%	5.9%

* 實質年率化總回報；以指數 3 年期的年初及年末平均表現計算

股票名義回報　或倒退至 4%

是次報告就未來 20 年美國及西歐的股市收益率，並在（一）經濟增長持續放緩，以及（二）科技進步帶動經濟快速增長，此兩種情況下作出預測，最後得出結論是不論在哪種情況下，這兩大市場的股市收益率都難以返回過去 30 年的相對明顯較高水平；同時，過去與未來之間的回報率差距可達到 1.5% 至 4%；固定收益率差距更有可能擴大為 3% 至 5%。

報告又指出，過去 30 年美債的回報收益率為 5%，歐債則為 5.9%；相同的是，在經濟增長較預期好的情況下，未來 20 年美債及歐債的回報收益率同為 2%，經濟增長欠佳時則同為 0%。然而，回顧過去 100 年時間，美債及歐債的回報收益率各為 3.3% 及 4.2%，由此可見上一代與下一代的數字變化對比。

著名的投資者達利奧就認為，美股的名義回報是4%，而債券也只有2%，可能比麥肯錫更悲觀（名義回報扣除通脹後，就是實質回報）。回報跟現時的估值有關，不少研究也指出，估值（市盈率PE或是市帳率PB）愈高，之後的回報就愈低；而也有其他統計分析，得出的結論和麥肯錫及達利奧相差不遠。最後，全球最大的資產管理公司領航（Vanguard）的行政總裁Bill McNabb也提醒投資者，一般的股票債券組合，預期回報會比歷史平均水平低2至3%。

資產關聯性更高　股債齊升齊跌

當然，美國的情況，是否能完全應用於香港呢？畢竟，港股的估值（PE和PB）相對較低，不過，問題是相關企業的盈利，會否比美國企業的盈利增長更慢，甚至轉型不成功，不升反跌呢？

另一個隱憂是資產關聯性（Correlation）提高。資產配置的原則，是分散風險，以獲取更高的風險調整後收益。不過近年來，不同資產的關聯性愈來愈高，即是當股票上升時，債券同時上升（債息下跌），反之亦然。當關聯性上升，分散風險的效用就減少，而資產配置的困難就增加了。

傳統來說，股升債價跌，因為股升，通常經濟不錯，而帶動通脹和利息提升，故此令債息上升，債價就下跌；相反，股跌債價升，通常發生在經濟不景時，通脹和利率下降，資金也同時避險於債券市場中，於是帶動債價上升。兩種資產走勢相反，故資產配置在這些時候，就能產生分散風險的功能。

須提升回報　或延遲退休

相對之下，如果關聯性提高，股債就可能一齊升，或是一齊跌。股債齊跌，通常發生於滯脹（Stagflation）之時，經濟不景，股票下跌，同時卻有高通脹，就會使債價同時下跌。不過，現在全球的情況包括美國，股債齊升，雙雙處於高位，也同樣使資產配置的難度增加。

隨著大環境的投資回報率下降，不同界別的利益者勢將受到影響，舉例金融界要接受股市反彈黃金期結束；投資者要面對投資組合回報下跌的困境，30多歲的年輕人須額外工作7年以上，或投資回報率要翻倍，才能退休安享晚年；僱主則要考慮重整勞工的退休金計劃，僱員亦要管理規劃就業生涯年期。

在四低的環境下，無論對個人或是企業都是挑戰，可能會影響退休年齡、退休投資計劃，以致到整體企業的營運策略，這些都是不可忽視的大趨勢。

4.3 資產配置更重要
輸少就是贏

資產配置的原則，是分散風險，以獲取更高的風險調整後收益；不過，上文提到不同資產的關聯性愈來愈高，當股票上升時，債券又同時上升（債息下跌），分散風險的效用就自然減少，資產配置也就更困難了。

面對這樣的環境，投資者可以做甚麼？筆者認為，最基本的是面對現實，繼續保持平衡的資產分配，當市場出現波動性時，持守紀律，做好再平衡，避免過分的短線操作（tactical move）；同時避免做錯事，為了追逐回報，而投資一些自己並不認識的項目，或增加槓桿。

避免出錯　減少短線操作

著名投資者達利奧就指出，不要在如此環境下進行過分的資產配置操作，或於不同的市場遊走，因為這樣可能會輸。情況就如股神巴菲特曾形容投資其實是在玩一個「Loser's

Game」，而非一個「Winner's Game」。簡單來說，就是要避免失誤，而避免失誤，比打出一球Winner shot更重要。

再平衡就是採取行動確保目前投資組合的特性，以接近最初設定的資產配置目標。市場力量會造成不同資產價值的遞減，令他們所佔投資組合的比重有所改變。若想維持預期中的資產組合，投資者必須賣掉相對上升的資產，同時買入相對下跌的資產。

這是一種絕對的理性行為，它是市場變動時，能夠堅守個人投資組合目標的行為：賣出表現相對強勢的資產，並買入表現相對弱勢的資產。當市場處於正常情況時，再平衡只需要一些毅力，可是碰到市場異常波動時，則需極大勇氣。因此，再平衡可以說是逆向投資（contrarian investing）的其中一種。

後金融海嘯，面對著非典貨幣政策，造成了種種實體經濟和金融資產價格的扭曲，包括魯賓尼口中的「新變態」情況，和所謂的「四低」現象。無論是回報預期下降，和資產關聯性上升，都是所有投資者面對的難題。在表面平靜，但暗藏凶險的惡劣環境，投資者理財的時候，就更應該持守紀律，以免因小失大。

難靠單一資產爭取回報

投資向來都不是簡單事情，尤其處於經濟欠佳的狀況。美國橡樹資本（Oaktree Capital）創辦人馬克斯（Howard Marks）就表示，現時整

體投資市場年均回報率5.5%是個合理預測，金融機構及投資者正在面對歷史上最低回報率的時代。

事實上，投資者已經不能依賴只從單一資產中獲利，面對各國股市回報率愈來愈低，很大程度上反映出企業的基本因素，已因經濟環境疲弱出現問題，因此不少專業的基金經理，選股時都會更加小心謹慎，對市場的疑慮和擔心亦較以往日益增加。

或許，大家覺得年均回報率能有5.5%已是不俗，但現實是大多數金融機構若只賺取5.5%，便會出現入不敷支的情況。舉例，慈善機構和退休基金便需要8%及7.5%回報率，才能應付營運等開支，但現時高收益債券的平均回報率也僅是5.5%，股市可能介乎5%至6%；國庫債券和高級公司債各為2%和3%，只有私募股權基金和房地產投資的回報率較高一點，由此可見單一資產的回報率並不理想，大家要透過均衡多元化的投資組合才能錄得5.5%回報率，也由此可見資產分配的重要性。

筆者再以美國最大型的加州公務員退休基金（Calpers）為例，由於環球經濟增長緩慢，截至2016年6月30日，該退休基金的資產相對應付帳的比例，由兩年前的76%跌至68%，反映基金的長遠赤字問題只是有增無減；而受到股票、債券等資產拖累，投資回報率更創下2008年金融海嘯以來新低。有分析指，Calpers須在未來30年錄得7.5%年均回報率，才能履行義務，而不必把成本轉嫁納稅人。

逆向投資是出路

現時金融市場風險有增無減，黑石集團（Blackstone）全球私募股權負責人 Joe Baratta 較早時表示，從未在職業生涯中見過如此暗湧和困難的時刻，所以不會以高槓桿大量買入股票，這番言論便再次印證現階段的投資決定必須更加審慎。

當然，投資雖然不容易，但不代表沒有方法把投資風險降低。大部分優秀的基金經理，他們的投資決策都是逆感覺而行，而筆者認為面對變幻莫測的經濟環境，投資者要學習的，正是從反向思路進行分析。馬克斯曾經說過，市場的有效性是基於所有人都是客觀理性的假設，事實卻是人的情緒難以捉摸，所以市場反映的，只是投資者的群體普遍看法，如果大家相信市場是有效的，太過迷信市場價格所反映的現象，卻不能在適當時候特立獨行，那麼投資時便會犯下錯誤了。

4.4 找出合理投資回報率

在這個低回報時代，投資者除了要繼續做好資產分配及再平衡外，還要面對現實，設定一個合理的回報率目標。

短期的投資回報不容易預測，但如果是長遠投資回報，則可從現有的資訊找出端倪。全球最大規模被動型基金領航創辦人柏格（John Bogle）和Michael Nolan Jr.曾發表文章，以簡單和直觀的投資模型，分析未來10年美國債市及股市的合理預期回報率。

兩大模型　計出股債回報率

以債券為例，根據一個簡單計算方程式模型就是：

$$\underset{\text{（Future returns）}}{\text{未來回報}} = \underset{\text{（Current yield to maturity）}}{\text{到期收益率}}$$

當時10年期美債收益率是2.4%，在四捨五入後決定給予3%，當然這
數字是個寬鬆的預測，若債券收益增加，便要重新調整。

股市回報率方面，計算模型亦很精簡，即是建基於最常見的股息折現模
型（Dividend Discount Model），再稍為微調一下，從而得出來的計
算方程式是：

$$
股市回報 \quad = \quad \begin{array}{l} 股息收益率（Dividend\ Yield）+ \\ 盈利增長（Earnings\ Growth）+／- \\ 市盈率的變化（Change\ in\ P/E\ ratio） \end{array}
$$

他們建構了幾個情景作參考：

一、當時美股收益率為2%，如果用歷史平均的盈利增長為4.7%，兩者加起來稍低於7%；

二、如果PE下跌至歷史的平均水平17.8，估計美股年均回報率便是為6%；

三、若PE低於12的話，股市年均回報率將跌至近乎0%；

四、若PE高於25，回報則增至9%。

當然，這些情景都還未扣除通脹，實際的回報就更低了；而且，很多人對未來企業盈利增長能否保持歷史水平都存疑，因此，要達到以上的回報水平，不確定性就更大。

投資者可能覺得以上計算模型太過簡單化，或多或少質疑其預測的準確性。然而，柏格在建立模型時卻是參考著名經濟學家凱恩斯（John Maynard Keynes）的經濟概念，例如他認為分析股票回報率主要來自兩個要素：一、企業，指企業實質的經營收益，可直接反映業務本身是成長抑或萎縮；二、猜測，指投資者猜測市場的心理變化。

柏格把這兩大要素變身成為模型的重要框架，「企業」即股息收益率和盈利增長，透過分析業績預測出未來股價的盈虧；「猜測」則是PE的不確定性變化，這猶如投資者變幻莫測的心理因素，都是難以有效地預測，但同時又容易產生波動。

(三)

新經濟機遇
早著先機

由新科技帶動的「新經濟」是不可抵擋的大趨勢，新企業乘之冒起，傳統企業則須看變革功力如何，決一勝負。投資者若能及早洞悉趨勢，便可發掘當中的機遇，甚至能早人一步，以便宜的價錢來投資將來具有無限價值的資產，令投資回報更有看頭。

CHAPTER
05

觀察經濟遠景

投資尋寶

5.1 新經濟時代來臨及早掌握投資先機

正如巴菲特所說，投資就等於滑雪時，要找一條很長的斜坡，那就可以花最少的力、冒最低的風險，拿到最高的回報。應用於投資上面，就等於要說，隱約看到朦朧的遠景，比強求看到清楚的近景，來得實際和重要。

須留意企業能否轉型

何謂朦朧的遠景？這就包括未來營商環境的改變、企業盈利的能力、經濟生產力的提升等。因此，認識新經濟對投資有重要的意義和角色，對投資者來說必不可少。新經濟的重要之處，在於這波由新科技帶動的改革力量，將翻天覆地衝擊所有行業，無一能夠避免。這除了帶來新的發展機遇，令新一批潛在明日之星企業冒起外，投資者亦須留意傳統企業能否在這個浪潮中轉身。

正所謂「水能載舟亦能覆舟」，傳統企業若能及早發覺趨勢轉變，並早人一步掌握機遇，不但能成功渡過這波浪潮，甚至能獨霸新藍海，成為新時代的王者。相反，若轉身緩慢，則有可能被長江後浪捲前浪，成為新經濟的犧牲者。故此，投資者必須和企業一樣，及早洞悉新經濟的潮流去向，才能作出正確的投資。

不少潛力國企估值仍低

這對港股有興趣的投資者更甚，因為買港股就差不多是買內地企業的盈利能力（內地盈利佔香港上市企業超過一半），現時內地企業尤其是國企，無論是管理上或是整體競爭力和生產力，除了某些少數的科技企業，都未來和其他全球頂尖企業一較長短，而市場對它們未來都是稍為悲觀，以致這些企業估值不高，如果內地這些企業未來能有效採納和應用更多的高科技，在管理和品牌上都能適應新經濟體的發展，那麼現時較便宜的估值，可能就是投資的機會。

投資永遠是投資未來，如買股票就是買企業的發展前景，若及早一步洞悉先機，就可以以較便宜的價錢（Price），買到即將起飛的價值（Value）。

5.2 環保成國策 綠色金融勢跑出

全球氣候變遷問題嚴峻，隨著聯合國的《巴黎氣候協定》（Paris Agreement）獲得接近200個國家達成協議，全球勢將邁向綠色經濟時代，未來市場將出現更多綠色金融產品，例如綠色債券、綠色基金、綠色保險及綠色融資等，不論金融機構抑或投資者，都能從中掌握創新性的金融商機與投資機遇。

翻查資料，2013年與環保項目相關的債券發行大約90億美元，但是截至2016年11月底，數字卻暴升至720億美元。筆者相信，未來綠色債券將變得更加多樣化，既能賺取利潤，又能支持可持續發展的再生能源、清潔能源等環保項目，投資吸引力必定大大增加，有助帶動機構投資者及散戶的興趣。

《氣候協議》落實　綠色債券吃香

《巴黎氣候協議》落實簽訂，更將改變未來市場上綠色債券的發行遊戲規則。以往不少綠色金融產品是因為投資者尋找永續性投資（Sustainable Investing）需求而產生，但此情況卻會變為由上而下的國家金融政策，例如各國政府通過發行綠色債券，從而募集資金來幫助減少碳排放的環保目標。

國際評級機構穆迪亦有報告指，2016年全年綠色債券發行額有可能突破800億美元，增長規模幾乎是2015年的兩倍。對此筆者認為，自2007年歐洲投資銀行（EIB）開始發行綠色金融產品，經過一段時間成長，綠色金融已升格為不少國家的戰略性政策層面，意指由政府主導施行相關政策，系統化地推動綠色金融的制度、市場、產品等發展。

綠色金融體系納「十三五」規劃

以中國為例，「十三五」規劃便有包含「建立綠色金融體系」綱要，內地更率先規劃綠色金融市場，並發布自己的標準及規定。截至2016年11月底，中國便成功在市場上集資290億美元。另外，人民銀行更與英格蘭銀行共同擔任「G20綠色金融研究小組」主席，擔當起全球領導者的角色。

而法國一直探索能源轉型之路，政府更通過一條法律，要求發行綠色金融產品的機構，須在提交報告內列明它們對環境保護之貢獻，法國亦有

望成為2017年首個發行主權綠色債券的國家。筆者相信，若此重要法令能夠擴散全歐洲，加上市場本身對綠色債券存在需求，同時政府積極推動，多種正面因素將可構成良性循環，最終幫助綠色金融市場的大幅擴張。

另外，英國央行行長卡尼（Mark Carney）曾在公開講話上表示，綠色債券可有效幫助應對全球氣候變遷的問題。他又認為，以前綠色債券的回報率比較穩定，但隨著「G20綠色金融研究小組」致力採取激勵措施，各國專家亦在研究如何吸引私人資金轉向綠色投資。美國方面，總統特朗普（Donald Trump）或會改變環境保護的法規及措施，但筆者認為情況仍然是樂觀，美國潔淨能源可獲持續增長，部分州政府也會繼續發行綠色債券。

港宜用外滙基金追落後

相反，綠色金融在香港的發展，似乎仍然未如理想。事實上，整體的債券市場在香港的發展幾十年來都是差強人意，近年受惠於人民幣債券的國際化，才慢慢有點起色。筆者認為，香港政府應該在推廣綠色金融發揮更大的角色，除了之前金融發展局發表了一份有關綠色金融的研究報告外，金融管理局也應該考慮是否把「綠色」納入其港幣3萬億的外滙基金的管理目標之一。畢竟，金融投資除了是股票債券外，亦應該要把社會目標和意義融入在其中；作為掌管香港市民重要財政的一部分，金管局的外滙基金，起碼要成為聯合國責任投資及全球契約（UN Principles for Responsible Investment, UNPRI）的其中一員，現

時全球已經超過1,500資產管理和擁有機構成為其中一分子，總資產亦超過美元60萬億。香港的金融發展要再上一個台階，除了要積極開拓全球企業股票上市的業務外，亦更要對這些全球金融關注的議題，更積極參與和拓展。

整體而言，任何投資工具有利亦有弊，特別在發展過程中必然會遇上困境，並需要時間克服。筆者認為，綠色債券面對的其中挑戰，首要是缺乏明確性的「綠色」定義，當綠色金融產品缺乏界定，投資者自然難以識別投資的準則及領域，又怎能夠適當地理解所謂的綠色股票、綠色基金和綠色保險呢？筆者認為，「綠色」不單需要有個標準，更需要量化，否則，就只會流於各說各話，容易成為企業另類的品牌推廣手段，而非真正達到「綠色」的目的。當然，要量化「綠色」是有相當大的成本，「綠色」金融產品的發行企業或是投資者，都未必願意負擔這個成本。筆者認為，收集資料和量化各種的「綠色」措施，是一種公共物品（public goods），這類的研究，能為整個社會經濟帶來福祉，所以，政府對相關的研究經費，實在責無旁貸。

最後，綠色債券是創新金融產品，發行商角色及市場監管便顯得重要，因此產品類別、募集資金使用、信息披露、評級制度等都須保持透明度及公開性，一來令投資者知道風險所在，二來有助整個綠色金融市場的安全性及穩定性，往後才能更為健康地持續發展。

5.3 Blockchain 掀革命 顛覆金融業

過去幾年，比特幣（Bitcoin）負面評價不斷，熱潮甚至慢慢轉淡，由直到近年又突然被炒熱，價格大上大落。筆者一直認為，Bitcoin最大成功並不是它作為一種新式虛擬貨幣之存在，而是其「區塊鏈技術」（Blockchain）如何延伸發展，繼而被行業廣泛應用。

現在眾多國際銀行雄心壯志，通力合作地發展並應用區塊鏈技術，這證明了一件事：此技術關乎銀行業的未來命運。就目前情況來看，它是利多於弊的，可預見未來銀行業將有翻天覆地的改變。

區塊鏈技術　減省中央結算

區塊鏈技術到底如何運作？簡單而言，當「區塊鏈」建立後，如果A用戶想將金錢過戶給B用戶，此交易會被打包成一個「區塊」，英文叫做block。凡參與其中的用戶，都可接收到這個「區塊」信息，當大家確認後，「區塊」會加入「區塊鏈」

紀錄這宗交易。同時Ａ用戶會有另一組密碼傳送給Ｂ用戶，當這組密碼
與Ａ傳送出來的「區塊」吻合，Ｂ用戶就可收到Ａ用戶所過戶的金錢，
並完成整筆過戶程序。

就以上交易程序，最大分別是銀行以往協助客戶在不同銀行之間過數，
是透過一個結算中心來完成；區塊鏈則允許不同金融機構之間，以多方
共同驗證及進行記賬，令交易過程中減省了一個中央結算的程序。

大家別以為，區塊鏈技術只是協助整個交易減省一個中央結算程序，須
知道銀行與銀行之間要做到同步內部記賬，該程序便要花上數天時間，
而這數天卻足夠為資本帶來風險。而且，此技術還包含不少優點，例如

去中介（decentralized）、去信任（trustless）、集體維護（collectively maintain）、可靠數據庫（reliable database）、開放資源（open source）及匿名（anonymity）等。

根本性衝擊銀行業

區塊鏈技術興起，早前納斯達克集團執行長 Robert Greifeld 指，此技術對於傳統證券業務來說，將是一種數字革命，不止對公司及客戶有所益處，對環球資本市場亦將有深遠影響。西班牙 Santander 銀行亦認為，應用區塊鏈技術至 2020 年，料可為環球金融業降低高達 150 至 200 億美元的記賬成本。

高盛集團亦以一筆過 5,000 萬美元投資 Circle Internet Financial，專注研究能應用於 Bitcoin 消費支付之系統。澳大利亞聯邦銀行（Commonwealth Bank of Australia）則和開源軟件商 Ripple 合作組隊，共同創建一個在其子公司之間互相支付轉賬的區塊鏈系統。

由此可見，銀行、保險公司、科技公司等商業機構均向著同一個目標進發，在金融改革路途上，他們並不是孤軍作戰。

猶記得 90 年代互聯網興起，為世界帶來另一種新的速度與進步。筆者認為，現時市場一直談論的金融科技已不止 P2P 融資平台或眾籌融資那麼單調，而是要由根本性出發作出巨大變革。由於監管的需求，本港金融科技發展（如 P2P、眾籌和支付等）相對緩慢，不過，區塊鏈技術的開發，應該有其動力，希望不會在這方面也跑輸世界其他對手。

5.4 雲端金融科技時代

新科技令各行業的服務模式急速改變，雲端、大數據、O2O等科技趨勢一日千里，金融產業特別是銀行業，必須跟隨趨勢流動，未來才可以避免被市場淘汰。

上文提過，金融科技中，區塊鏈技術受到不少金融從業者的關注，例如瑞銀早在2014年就在倫敦成立區塊鏈金融研發實驗室，致力於「概念驗證」，探索區塊鏈在支付、電子貨幣及結算模式等方面的應用。花旗銀行則已經開發了三條區塊鏈，並測試運行一種名為「花旗幣」（Citicoin）的加密貨幣。

另外如IBM、PwC（羅兵咸永道）這些公司亦正在尋找方法，希望找到最簡單直接的方案去適應區塊鏈技術。

除此之外，眾多投資銀行當中，高盛堪稱「識時務者為俊傑」，它深信技術的發展與掌握是銀行重要的核心競爭力，有助於風險管理、營運效率、客戶關係、自由創新能力等方

面，進行改革及提升服務質素。而且該行有三分之一員工為工程師，數字證明高盛相信科技創新能為自身締造不少效益。

高盛投放資源發展科技創新逾20年，包括開發軟件及雲端等開發項目，以創造更低成本、高效率、高價值的金融產品及服務。

事實上，銀行體制及架構龐大，以往較難專注客戶需求，但透過虛擬化技術幫助，銀行可以擴大及直接在線為客戶提供針對性、個性化的服務。

筆者認為，其中雲端（Cloud）技術便確實改變了銀行傳統作業模式，最大優點是大幅提升營運績效。

為擴充業務範圍，投資銀行會於世界各地設置辦公室，但是往往各自為政，不同辦公室擁有自己一套營運作業系統，令同一間銀行的資產（即資料及資源），不能做到互享共用。

以高盛為例，由於擁有私有的內部雲端作業系統，每當銀行在不同地方組建新辦公室時，銀行都會把科技元素納入規劃當中，而且工程師都會提供意見，甚至參與決策，此舉目的是希望改變以往資源不能共享的弊病，做到「科技跟著業務去跑」，即資訊不再局限於距離，而是可在虛擬平台交換利用。

對此，高盛科技部門聯合主管 Don Duet 接受訪問時透露，把科技融入業務當中，可以提高運作效率，好像以前銀行推出一個新系統，往往需要幾個月在各地辦公室執行，現在則需要幾天就可，幫助銀行業務結構化繁為簡。

他又舉例，高盛在美國及日本都設有辦公室，透過雲端技術，如今便能做到資源共享，當日股收市後，其資料數據可以轉移至美國的辦公室，幫助同事作為準備美股開市之用。

總括而言，銀行業的營運思維已經隨科技發展改變，多年以前我們談及雲端，是如何打造平台、降低成本；今天卻是談及如何透過雲端賺錢。

當然，雲端科技所帶來的隱憂，如資料的保密性及安全性都是需要解決的問題；所以，隨著雲端的廣泛應用，金融科技對網絡安全的要求也大幅提升，因此，網絡安全本身也還是金融科技的一個重點。

5.5 金融人工智能 資產分配更輕鬆

在金融界，運用電腦程式交易或高頻交易已不是新鮮事，早在 20 多年前，電腦已經開始與人手鬥快，甚至引發了 1987 年的股災，不過電腦仍需要聽命於人腦，交易程式還是要靠程式編寫員不斷修改以適應新情況。

然而，自從人工智能（AI）程式「AlphaGo」以四勝一負擊敗韓籍世界圍棋冠軍李世乭，美國華爾街開始有分析師指，未來金融業界最大的挑戰者同樣來自人工智能程式。

AlphaGo 將人工智能推上高峰

以電腦交易程式做買賣，當然不是甚麼新事，就算是人工智能也不是新事，不同的是在大數據年代，無論是數據收集和分析變得更多更快，或者是數據的實體儲存更大、更便宜，都有助於人工智能變得更厲害。

以往，電腦交易程式做了歷史分析後（Back testing），便可以實際應用一段時間，但過了一段時間後，市場可能會發現同樣的套戥公式，便要再去找尋新的公式；試想想，如果在未來，人工智能有足夠的數據收集和分析的功能，能自己去找到新的公式去做套戥，自我完善和演進，交易市場自然會帶來翻天覆地的改變。

其實人工智能早已應用在不同的產品上，近年，由於提升電腦運算能力所需的資金逐漸減少，這樣一來，容許大數據及跨網絡搜尋，人工智能處理及分析的資訊變得愈來愈多，愈來愈快，而且人工智能懂得學習去自我完善，對各項消息的反應勢必較證券交易員更迅速。

筆者亦認同，證券交易員、經紀、理財顧問、分析員以至基金經理等方方面面都會受到影響，每個人都需要與時並進，才能夠駕馭科技，而非被科技取代，今天的情況就好像一百年前機器取代人手織毛衣一樣。

機械人理財　更能克服人性

除了交易以外，另外一個例子是理財顧問和產品銷售。目前矽谷巨擘的私人投資，許多已不再用財務顧問。投資者只要自己在網上輸入投資目標、金額及願意承擔多少風險等資訊，網上的金融系統便懂得在其存入資金後為其進行資產比例配對和再平衡，根本連理財顧問、經紀以至基金經理都省掉，兼且可以避免了人性的貪婪與恐懼，因為人往往在大市下跌而需要再平衡時會變得手足無措。

至於分析員，過往就一些事件如重要的數據公布，可能需要多個小時的時間；而採用人工智能搜尋大數據作快速分析並找出重要的數據指標，可能只需十多以至幾分鐘而已，甚至還可以為客戶提供快速的資料分析作投資參考。

金融數據服務商Kensho創辦人Daniel　Nadler預計，到2026年約有33至50%金融從業員的原有工作會被電腦取代。

雖然這個預言會否實現難以估計，不過，過往香港對人工智能新發展的關注和投資不足，更落後於上海及新加坡。AlphaGo引起的討論，若政府、商界及金融業能因此作出反思，從而急起直追，對我們保持作為國際金融中心的地位未嘗不是一件好事。

5.6 各行業邁進 「機器學習」時代

科技界的未來發展趨勢話題離不開「機器學習」（Machine learning），這意指一種可以廣泛地應用在各種生活範疇上的新工具。機器學習現已從理論階段發展至實踐應用階段，未來亦將會改變科技業、製造業的營運模式，第一個轉變是由產品到服務；第二個轉變則是相關軟件平台發展，以提供大量服務上之應用。

在訊息技術的世界中，軟件系統平台已是眾所周知的概念，如智能手機當中，蘋果的 iOS 和 Google 的 Android 便是例子。

據悉，這兩間企業正積極布局研發自動駕駛技術，例如蘋果便收購了英國新創企業 VocallQ，以獲取機器學習和語言處理的關鍵技術，利用對方的功能，結合蘋果車載娛樂系統 CarPlay，主動出戰電動車行業領域。

企業爭相研發軟件平台

現時蘋果和 Google 的最大目標，是開發適合汽車市場使用的軟件系統平台，它們轉戰工業及製造業市場，無疑是新鮮的嘗試。成功的話，將威脅傳統汽車製造業的市場地位，甚至打破其既有生產模式，令汽車製造商猶如淪為一部電腦的硬體建造商，失去原本最有價值的獲利部分。

而德國身為工業強國，2011 年更推出「工業 4.0」計劃，由政府主動推動製造業訊息化，當中更有幾間企業已成功推出軟件平台，例如 1923 年成立的 Trumpf（通快集團），是德國式中小型工業企業的傑出案例，年銷售額達數十億美元，全球擁有逾萬名員工。

Trumpf 便推出了在線平台 Axoom，以連接自己及其他企業製造的機器，藉此收集客戶的需求並且協助生產商品，能夠做到預測及提醒客戶於適當時候進貨。由此可見，一些傳統的製造商亦在努力重新定義自己的行業特徵及市場地位，從中尋找突破點，以跟隨大市場轉變步伐。

究竟傳統製造商數碼化快一點，還是科技公司吞併製造業快點，鹿死誰手，可能言之尚早。

擁客戶數據企業優勝

其實不止汽車業處於技術變革當中，而是許多行業都面臨一個事實：未來成功的企業，不再是做出品質最好的產品，而是能夠收集市場及客戶最多最好的數據，兩者結合之後，為客戶提供最好的服務。因此，市場

贏家需要的不是產品，而是搭建一個優良的軟件平台，透過結合不同類型的設備、數據，最後為客戶產出最貼身貼心的服務。

對此，透過機器學習的應用，不同行業的製造商把產品轉至服務，亦延伸另一個變革概念，就是客戶關係。事實上，已有不少製造商意識到，成功把產品推銷出去，最佳方法便是開拓與客戶的親密關係，而不是花費巨款於市場營銷推廣方面。

因此，過往零售商設立會員卡制度，透過優惠、折扣等獎勵與客戶保持長久關係；Google 亦利用其專業的用戶數據，以配合產品進入新的領域，如上門維修。

由此可見，未來各個行業將進入一個新的競爭時代，大家要搶奪的，是客戶的忠誠度與喜愛度；同時，亦代表傳統製造業需要僱用更多訊息技術專家，以協助本身核心競爭力的提升。

5.7

物聯網
締造兆級經濟產值

香港政府近年開始關注科研發展，無論是《施政報告》或是《財政預算案》，都對推動這方面有全方位的措施，包括配對基金、科研撥款、教育、土地、交流團和培訓機會等等；2016年的《財政預算案》尤其關注機械人技術、健康老齡化和智慧城市這幾個領域。

所謂的智慧城市，沒有統一的定義，可以說是一些科技服務顧問企業創造出來的銷售策略。

物聯網九大應用商機

不過，把現有科技應用在經濟社會的各個層面上，卻肯定是大勢所趨，而其中物聯網（Internet of Things，IoT）發展技術對香港應該更加不可忽視。事實上，隨著科技巨擘蘋果公司和Google熱烈擁抱物聯網發展技術，於市場上分別推出了iBeacon等產品，這些實際行動將會加速全球物聯網的發展步伐。

現時，物聯網的應用仍然備受市場爭議，尤其是資料隱私及安全性方面，因此該技術到底可以帶來甚麼程度的經濟效益以及市場影響力，仍然屬未知之數。有研究報告預計，2025年物聯網的經濟規模可望達到3.9兆至11.1兆美元，全球經濟佔有率則可達到11%。

報告利用超過150個使用實例進行分析，從而勾勒出2025年以前，九個主要物聯網應用領域：

一、汽車（如自動駕駛車與狀態檢修）；

二、都市（如公共健康與交通運輸）；

三、外部應用（如物流與導航）；

四、個人（如健康與健身）；

五、工作場所（如健康與安全）；

六、零售環境（如自動結賬）；

七、工廠（如操作與設備最佳化）；

八、辦公室（如安全與能源）；

九、家庭（如家事自動化與家庭安全）。

就以上九大產業領域的產值數據分析來看，物聯網對於企業而言，將是未來的智慧商機。物聯網優點包括省時、生產力改善、提升資產使用率等，由此幫助產業透過整合而做到升級轉型，同時亦存在針對減少疾病、事故與死亡的經濟價值。

企業轉型至「一切皆服務」

然而，物聯網技術如何幫助企業締造高達兆級的經濟產值呢？主要是協助企業在技術上、組織上、監管上解除障礙，並透過可預測性的維護、更優化的資產利用及提高生產力，為企業帶來革新業務模式的新機會，或者是重新創造「一切皆是服務（Anything as a Service，XaaS）」的新業務模式。

由此可見，物聯網的趨勢興起已成事實，不論新舊的商業模式都可以圍繞它開展新局面，例如工業用品製造商，便可利用物聯網的數據連結，把產品變成一種服務。對此，隨著物聯網在感知、互聯、智慧分析等技術發展下，將把消費者的使用習慣及行為改變，進而影響商品的製作流程、銷售模式以及服務形式。

當然，市場對物聯網的價值及影響力評估，亦不應單純著眼於其產業收入或GDP（國民生產總值），而是把消費者和使用者從中取得的額外價值計算在內。

工業 4.0
傳統企業亦具潛力

自德國 2013 年宣佈推出「工業 4.0」（即第四次工業革命）後，它已由一個概念化計劃，慢慢趨向實體化。隨著德國聯邦教育及研究部（BMBF）、聯邦經濟及科技部（BMWi）合共投資 2.11 億美元，以及德國把它升級為民族性的高科技經濟戰略計劃，經過數年發展時間，計劃已漸有成績。

面對德國的積極自救，中國國務院頒布的《中國製造 2025》計劃，亦惹來全球關注。該計劃以機械設備、工業自動化、智慧化和機械人為研發重心，對內希望促進創新、智能產業轉型、建設、綠色產業和工業化和訊息化的融合，對外則希望與歐美並列有質有量的製造業強國，擺脫以往低科技去生產低品質、低價值的「世界工廠」角色。亦有報道指，《中國製造 2025》實為德國工業 4.0 的翻版工程。

工業 4.0 本質上是把智能技術廣泛應用到工業。該詞彙最早在 2011 年的漢諾瓦工業博覽會提出，2012 年 10 月由全球最大汽車零件廠商博世（Robert Bosch GmbH）的 Siegfried

Dais 及德國科學院的 Henning　Kagermann 組成工業 4.0 工作小組，並向德國提出實施建議，令德國順理成章地化身第四次工業革命的牽頭者。

全自動化智能生產　更重顧客需求

透過工業 4.0，產品開發、生產以至服務都是通過軟體和網絡進行，令生產流程不再受時間限制，而是消費者按照個人需求及最新情況做出靈活性調整，原因是市場資訊與消費者的指示，將在產品與生產設備之間存在即時溝通，有效把生產流程優化。

同時，當消費者與設備及產品互相接軌的一瞬間，這種智能製造方式可令生產鏈變得更加快捷靈活，生產成本如勞動力、材料和管理費亦可以大幅下降。

以德國的汽車業為例，工業4.0將改變汽車的既有生產模式，從目前大量生產「升級轉型」為大規模客製。博世董事Werner Struth便指，未來汽車生產流程將是由客戶自訂需求，透過龐大的數據隨時進行交換，藉此把不同生產線連在一起，客戶可隨意改變供應商和生產程序。

歐洲各大企業亦認為，如果生產流程可以成功達至全自動化智能生產，每年的生產收益可高達1,100億歐元。

傳統企業若創新　可激發盈利

換言之，企業只需五年投入期，數年後便可收回成本。綜合資料，德國工業4.0預計要完成整個轉型需時約十年，筆者亦深信，其成功轉型將令整個環球產業鏈出現翻天覆地的改變，如提高生產效率、提升管理靈活度、增加企業收益、通過創新服務締造價值機遇。

對於投資者而言，工業4.0當然有著投資機遇，但筆者認為，大家不一定是要發掘新科技企業，而是重視那些本身在傳統產業的企業，如何因為創新而激發本身的盈利能力，同時要避開那些因循而在這個工業4.0將被淘汰的企業。

5.9 網上課程吃香
教育突破界限

傳統既得利益愈大，創新和改變就愈難。除金融外，教育可說被科技改變和顛覆性革新的程度比較低。

2012年《紐約時報》便提出「MOOC元年」（Massive Open Online Courses，大規模開放式線上課程）一詞，連時任美國總統奧巴馬也曾經表態支持。簡單而言，MOOC的特點是開放式、社會化與網絡化，透過三者結合提倡一種新的學習理念及模式，並強調線上課程平台具有多元性、創造性及自主性。

名牌大學也發展 MOOC

這些年美國線上教學平台如Coursera、Udacity、edX做到風生水起，如Coursera全球會員數目逾2,000萬，課程達1,400個，課程設計及教材來自史丹福大學、倫敦商學院及巴黎高等商學院等名牌大學。

由於以往這些線上平台推廣能力夠強，所以吸引不少名牌大學願意提供免費課程及教材；但近年名牌大學發現箇中商機後，陸續創建自己的線上平台接觸學生，兩者從以往共生關係漸漸變成競爭對手。在此情況下，Coursera便轉向鎖定企業客戶，專為企業員工度身訂做高質素培訓課程，環球化妝品集團歐萊雅（L'Oreal）便是其中客戶。

相反，近年業績未如理想的英國老牌教育機構Pearson，股價大跌之餘，更大幅裁員4,000人，為了應付市場的改變，最近便首次跟投資者開會說明未來戰略性計劃，目標是瞄準全球高等教育市場的課程教材及軟件，更與美國多達40間大學達成良好關係，務求把教科書銷售轉移至更廣大範圍的線上教學市場，可見他們已從中發掘出商機。

學生背景全球化、多元化

早前有調查數據顯示，報讀傳統學院MBA課程多為金融界人士，比率為24%，但是註冊線上學習的學生卻只有16%擁有金融相關背景，更有7%學生屬軍人背景。另外，美國華頓商學院指，他們校內的外國學生比例為45%，註冊學校線上平台卻有78%學生來自非美國地區；英國線上教學平台FutureLearn的商學院課程，自2013年10月推出至今已有50萬名學生報讀，當中五分之一學生沒有大學背景，有62%學生為女性。

由此可見，MOOC未來可持續發展市場龐大，因互聯網的便利性，更多不同背景、年齡層及教育程度的人士可以彈性地自主學習。而且，現在的學院機構不再擔心線上教學會瓜分學生數目，反而能幫助他們大規模地接觸世界各地的學生，從而快速擴展教育版圖。

5.10

大數據應用廣泛
衝擊所有行業

一級方程式賽車（F1）是世界上花費最巨大的體育運動，由於賽車設計及製造十分複雜，以至科研費、設計費、車隊管理等各種成本非同小可。對此，F1最成功之一的豪華跑車製造商麥拿倫車隊（McLaren）便利用大數據（Big Data）及雲端應用等科技，以提升比賽的勝出機率。

最近英國製藥巨擘GSK引入麥拿倫的網上技術及數據調整等科技，希望改善氣喘藥的生產方式，減少旗下最暢銷紓緩哮喘藥物「舒喘寧」（Salbutamol）的商業洩漏風險。隨著兩大企業的跨界合作，大數據有望改變製藥及健康保健等醫療產業的未來發展。

醫療 X 賽車　想不到的化學作用

據了解，麥拿倫和GSK已經與英國伯明翰兒童醫院展開一個1,800萬英鎊（約1.7億港元）的合作項目，醫院將利用車隊以往在賽車期間收集數據分析等專業知識，轉而利用在患

病者身上收集醫療數據，例如他們的呼吸、心跳、含氧量等；同時，英國倫敦帝國學院亦正在利用F1的傳感器技術（Sensor　Technology）以偵測神經功能障礙（Neurological　Dysfunction）。

大數據現正處於爆炸性的成長階段，它的未來走向卻是難以預測。然而，有研究顯示大數據分析可幫助美國的醫療產業每年創造1,000億美元的附加價值；*PLoS　Biology* 雜誌亦有報告預測，去到2025年單是處理基因數據的計算資源便會與Twitter和YouTube一樣龐大。

另外，Google旗下的人工智能部門DeepMind也與英國的醫療服務（NHS）信託公司簽署一項協議，通過移動應用程序來處理160萬名患

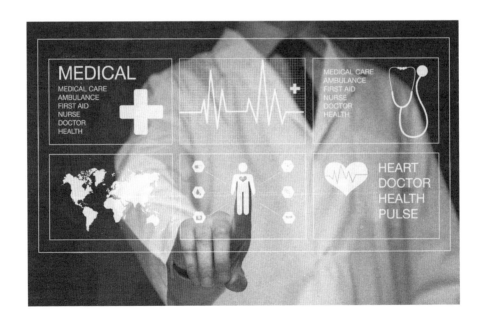

者的醫療數據。不過，大數據時代的最大問題是龐大信息流動過程中的安全性，而市場最為擔心的就是個人隱私資料的洩露，須知道數據分析結果除了涉及商業秘密，有時更會牽涉到國家機密，因此我們要解決的就是信息的控制和保護。

事實上，全球的醫療產業早就遇上海量數據和非結構化數據等問題，而大數據分析的出現，無疑正在重塑製藥產業的銷售及市場營銷策略。筆者認為，大數據的巨大潛力，始終在於通過全面分析各種醫療數據，使研究和臨床實驗得以互相配合，從而找出針對特定病人的治療方法。這對於醫生、保險機構、監管機構及患者來說，是多贏局面，能通過新的分析方法，更有效地衡量醫療效果，同時提高診病質素及工作效率，最終不止商業化的醫療產業有所得益，而是真正惠及病者。

重點在企業如何轉型、創新

除醫療業外，大數據的應用十分廣泛，幾乎說得出的行業也可透過大數據發掘新的商機。不過，大數據和各樣新經濟的科技一樣，本身可能意義不大，最大問題是企業如何利用並從中獲利，若能及中看到新經濟的各種趨勢，並及早轉身，便有可能跑贏其他同行，免被淘汰之餘，甚至可開創新藍海，也為投資者帶來新的機遇。

Wealth 68

FQ思維❷穩健投資很簡單

作者	黃元山
出版經理	Sherry Lui
責任編輯	Raina Ng
書籍設計	Stephen Chan
相片提供	Thinkstock

出版	天窗出版社有限公司　Enrich Publishing Ltd.
發行	天窗出版社有限公司　Enrich Publishing Ltd.
	香港九龍觀塘鴻圖道74號明順大廈11樓
電話	(852) 2793 5678
傳真	(852) 2793 5030
網址	www.enrichculture.com
電郵	info@enrichculture.com
出版日期	2017年3月初版

承印	嘉昱有限公司
	九龍新蒲崗大有街26-28號天虹大廈7字樓
紙品供應	興泰行洋紙有限公司

定價	港幣 $138　新台幣 $580
國際書號	978-988-8395-13-2
圖書分類	(1)工商管理　(2)投資理財

支持環保　此書紙張經無氯漂白及以北歐再生林木纖維製造，並採用環保油墨。